Email für Haushalt und Küche

Herstellung, Verarbeitung und Gebrauch von 1860 — 1930

Brigitte ten Kate-von Eicken

EMAIL

für Haushalt und Küche

Fotografie: Carel Verduin Mitarbeit: Rika van Nellestijn

HÄDECKE VERLAG

Titelbild: Kaffee- und Milchkanne, handbemalt, vermutlich aus Frankreich. Sie datieren um 1900, eher etwas früher, und haben die Höhenmaße 18 cm und 26 cm.

Einbandrückseite: Das Arrangement des himmelblauen Küchengeschirrs wird durch Miniaturgeschirr für die Puppenküche ergänzt.

ISBN 3-7750-0121-2

Einbandentwurf und Layout: Hans Leenders.
Satz: Manhillen Fotosatz, 7255 Rutesheim.
Gesamtherstellung: Franz Spiegel Buch GmbH, Ulm/Donau.

Inhaltsverzeichnis

Vorwort

An dieser Stelle möchte ich mich herzlich bedanken, für die Ermutigungen und die praktische Hilfe, die mir während der Arbeit an dem vorliegenden Buch zuteil wurden. Zunächst bei Herrn Dr. Helmut Wolf, Direktor des Bergbau- und Industriemuseums in Theuern, das eine beträchtliche Sammlung von emailliertem Küchengeschirr besitzt. Er half mir mit Rat und Tat und machte mich mit Herrn Willi Birner aus Amberg bekannt, der mir alles Wissenswerte über die Blechverarbeitung mitteilen konnte. Weiter möchte ich mich bei Herrn H. Röschinger vom Fachverband der staatlichen Stahlwerke und Herrn Dr. Josef Wratil von den chemisch-keramischen Werken Reimbold & Strick bedanken, die mit fachkundigem Wissen weiterhalfen. Meine Korrespondenz mit Herrn Hans Schweizer, Schramberg, und Herrn L. Speijer, Kampen, brachte mir Einblicke in die Vorgänge der Verziertechniken und Informationen von unschätzbarem Wert.
Mein Dank gilt auch all denen, die mir Gegenstände für Fotografien zur Verfügung stellten: dem Goltziusmuseum in Venlo (an der deutsch-holländischen Grenze), das eine einmalige Sammlung von Küchengeräten und Geschirr aus der Zeit um die Jahrhundertwende besitzt, weiter Herrn Willem Kleinjan, Utrecht, der einige besonders schöne Stücke zur Verfügung stellte, Frau Dr. Lydia Bayer, Direktorin des Neurenberger Spielzeugmuseums und Frau Cathrin van Maltha, Amsterdam, die mich mit Literatur unterstützten, und nicht zuletzt meiner Schwester Karin Seeliger, München, die, ohne ungeduldig zu werden, ihre hellblauen Töpfe und Kannen für lange Zeit entbehren mußte. Danken möchte ich auch dem australischen Autor Thomas Keneally für sein Buch »Schindlers Arc«, in welchem er schildert, wie ein aufrechter Mann die ehemalige Emailfabrik »Rekord« (später D.E.F.) in Polen zu einem Zufluchtsort für verfolgte Juden machte.
Vor allem aber gilt mein Dank meinem lieben Mann Marten ten Kate, der nicht müde wurde auszupacken, zu putzen und einzupacken, und meinen Kindern Nicolas und Joke, aus deren Sammlung ich so manches Stück gebrauchen konnte.

...und himmelblaues Email

In meinem früher erschienenen Buch »Küchengeräte um 1900« konnte das Thema Küchenemail nur gestreift werden. Der Versuchung, mehr von diesem reizvollen und heute noch sehr aktuellen Teilgebiet zu berichten, mußte ich im Hinblick auf die vielen anderen schönen Dinge, die alle zum Thema Küchengeräte gehören, aus gutem Grunde widerstehen: Dieses Sonderthema hätte in seiner Vielfalt den Rahmen des Buches gesprengt, wäre es in allen Einzelheiten nach Verdienst gewürdigt worden.

Die Geschichte des Emaillierens eiserner Gegenstände geht weit zurück, fast bis in die Anfänge der Eisenverarbeitung. Aber erst die Jahrhundertwende brachte die technischen Möglichkeiten für die Herstellung und den Vertrieb des hier gezeigten preiswerten Emailgeschirrs, das für die Arbeit der Hausfrau damals eine echte Revolution bedeutete.

Von all den Neuerungen, die die Technik auf dem Gebiet des Küchengeschirrs in den letzten 80 Jahren auf den Markt brachte, blieb im Großen und Ganzen nur das emaillierte Stahlblech bis in die Gegenwart

Teesieb, weiß, mit aufgedrucktem Petersiliendekor, Ø 10 cm.

hinein aktuell und zeigte eine erstaunliche Anpassungsfähigkeit und immer neue Anwendungsmöglichkeiten.
Doch zurück zu den Anfängen des Haushalts-Emails! Es war die erstmalige Massenproduktion von Küchengeschirr aus Stahlblech und Gußeisen, beschichtet mit einer unglaublich beständigen Glasur, die dem üblichen Gebrauch von zerbrechlichen Tontöpfen, teuren Kupferpfannen und rostenden Eisenkesseln im Familienhaushalt fast schlagartig ein Ende setzte.
Das neue Emailgeschirr war hitze- und farbbeständig, absolut geschmacksneutral, hygienisch und leicht zu säubern. Man kann sich heute kaum noch vorstellen, wieviel Stunden Tag für Tag dem Scheuern, Reinigen und Polieren des rußigen Kochgeschirrs gewidmet wurden. Die Kochbücher jener Zeit feierten dann auch mit Recht die neuen Errungenschaften des Emailgeschirrs als einen Siegeszug und eine wesentliche Entlastung für die Hausfrau. Daran hat sich im Privathaushalt bis heute kaum etwas geändert.
Im Gegensatz zu dem allgemeinen Trend, sich stets neuen Errungenschaften zuzuwenden – z. B. dem Stahlgeschirr, wie es heute in Großküchen und einigen Privathaushalten verwendet wird –, ist die Hausfrau dem Emailgeschirr in der Regel treu geblieben. Dabei mögen nicht nur seine vorzüglichen praktischen Eigenschaften eine Rolle gespielt haben, sondern sicher auch die Tatsache, daß es in seiner Vielfalt von Form, Farbe und Dekor dem jeweiligen persönlichen Geschmack in besonderem Maße entgegen kam.
Heute werden Eßgeschirr und Kochgeschirr, ja selbst die Tischwäsche, oft mit dem gleichen Dekor angeboten. Dieser Trend ist nicht besonders neu: Seriendekore ähnlicher Art gab es schon um die Jahrhundertwende. Auf Versteigerungen, Trödelmärkten und in Antiquitätenläden finden wir heute noch die Beispiele dafür. Vorratsbehälter, Überhandtücher, ja selbst Wellhölzer aus dickem Porzellan tragen oft die gleichen Muster, obgleich sie von ganz verschiedenen Herstellern stammen.
Damals wie heute war die Freude an der Verzierung der Hauptgrund für solche Dekorationskünste. Als weiterer Grund kommt aber noch die Zweckmäßigkeit dazu. Auf dem Wege vom Küchenherd zum Eßtisch wird aus dem Kochtopf eine zum Porzellanservice passende Schüssel.
Auf der Suche nach den faszinierenden Küchengeräten und -apparaten, von denen im Band »Küchengeräte um 1900« die Rede ist, wurden meine Blicke immer wieder unwiderstehlich von den bunten Kaffeekannen und Töpfen angezogen, die aus dem grauen Durcheinander der Trödelware herausleuchteten. Es waren die emaillierten Eisenblechgegenstände, die trotz Beschädigungen und Roststellen in ihrem Email

Zwei verschieden beschriftete hellblaue Brotbüchsen. In beiden Fällen wurde die vorgezeichnete Schrift mit der Hand gemalt, vorne in dick aufgetragener weißer Emailfarbe, bei der Büchse im Hintergrund in Gold. Scharnier, Griff und Verschluß sind bei der einen aus Eisen, bei der anderen aus Messing. Ø 36 cm. Herkunft: Deutschland oder Österreich.

Unser täglich Brot
gib uns heute!

Acht hellblau und vier grün emaillierte Kaffeekannen, die alle mit der gleichen Dekortechnik verziert wurden. Blumen, Vögel und Schmetterlinge bilden die Motive, die mit dick aufliegenden Emailfarben freihändig aufgetragen wurden. Hergestellt wurden diese Kannen vor, während und nach der Jahrhundertwende von unbekannten Herstellern.
Die durchschnittliche Höhe beträgt zwischen 25 und 28 cm. Am ältesten ist die zweite Kanne von links, in der untersten Reihe. Der Körper wurde aus einem konischen Stück Eisenblech zusammengenietet, der Henkel ist aus einem Stück Eisenband gefertigt und angenietet.
Auch die zweiteilige Tülle ist angenietet. Der Deckelknopf besteht aus Gußeisen.

noch unverändert die ursprüngliche Glätte und Leuchtkraft aufwiesen wie einst, als sie auf Märkten, in billigen Haushaltsläden oder von herumreisenden Krämern erworben wurden.
Dieser Emailschicht konnte offensichtlich die Zeit nichts anhaben. Nur Feuer, mutwillige Hammerschläge und Kratzer mit spitzen Gegenständen konnten sie zerstören und erst in solchen Fällen landete das Emailgeschirr auf dem Schrotthaufen. Es sei denn, man ließ es »noch einmal« vom Kesselflicker reparieren. Oft genug war nicht nur die Armut die Ursache, daß man sich von seinem Emailgeschirr nicht trennen mochte. Schon damals freute sich der Besitzer, genau so wie heute ich, an dem schönen bunten Ding und gab es nur ungern aus den Händen. Hier ist wohl auch der Grund zu suchen, wenn erst beim Auflösen eines Haushalts, 60 Jahre nach ihrer Anschaffung, solche Gegenstände beim Altwarenhändler landen – respektive bei Sammlern wie mir. Die anderen Besitzer, die beispielsweise eine emaillierte Kaffeekanne an längst vergangene Kaffeestündchen in Großmutters Küche erinnert, geben sie so leicht nicht her.
Obwohl das wohlfeile Emailgeschirr einst in jedem Haushalt zu finden war, ist es erstaunlich, wie schwer es doch heute geworden ist, von einem derart weit verbreiteten Gerät aus jüngster Vergangenheit eine einigermaßen vollständige Sammlung zusammenzutragen.
Im Gegensatz zu meinen Sammlerkollegen, die so gerne von ihren persönlichen Erinnerungen an Großmutters Küche erzählen, hat mein eigener Sammeleifer nur zum kleinen Teil nostalgischen Ursprung. Sicher, da gab es in Mutters Küche eine Emailschüssel, weiß mit kobaltblauem Rand zum Teigrühren (Mutter sagte »Emallje«, ein Dialektrest aus ihrer oberschlesischen Heimat...), aber als meine Mutter im Jahre 1922 ihre Aussteuer bekam, hatte sie auf dickem Aluminiumgeschirr bestanden.
Erst in den 60er Jahren, nach dem zweiten Weltkrieg, kaufte sich meine Mutter einen Satz Emailtöpfe, gewiß nur deshalb, weil sie mit dem geliebten Zwiebelmuster dekoriert waren. Wie gesagt, Nostalgie spielte bei mir wohl nur am Rande mit, als ich Emailgeschirr zu sammeln begann, eher schon die ästhetische Freude an den leuchtenden Farben dieser Artikel. Und dann gehörten sie ohnehin als fester Bestandteil in meine Sammlung, die das gesamte Geschehen in der Küche um die Jahrhundertwende erfassen sollte.
Zeitgenössische Kataloge und Kochbücher hatten mir zu diesem Sammelgebiet, wenn auch leider nur in Schwarz-Weiß-Illustrationen, eine deutliche Vorstellung geliefert. Da fand ich sie alle abgebildet, die Topfsätze, Löffelhalter, Sand- und Seifenschalen, Soda-Etageren in emailliertem Stahlblech, zu denen noch unerwartete gußeiserne Artikel kamen wie Waffeleisen, Fleischmaschinen und vieles mehr. Daß

sich dann gerade das farbige Emailgeschirr in meiner Sammlung so ausbreitete, daran waren wohl die himmelblauen, mit farbigen, handgemalten Blumen, Vögeln und Schmetterlingen verzierten Kannen schuld.
Leider stehe ich mit dieser Sammelleidenschaft nicht allein, was man schon an den Preisen sehen kann, die heute für solche Kannen bezahlt werden, von den Preisen für Puppen-Email ganz zu schweigen.
Erst nach und nach rückten dann auch die weniger spektakulären Emailartikel in mein Blickfeld, so die grau gewölkten Kochtöpfe, bei denen die Herstellung ganz besonders interessant war. Denn kein echter Sammler gibt sich zufrieden, ehe er nicht auch über das Herstellungsverfahren seiner Artikel ein klares Bild gewonnen hat.
Und so ging ich auf die Suche nach Literatur, Fabrikadressen und Fachleuten, die mir auf meinem Sammelgebiet weiter helfen konnten und die mir vor allem auch den unverständlichen Fachjargon in die Alltagssprache »übersetzen« halfen. Solche fachlich versierten und hilfsbereiten Menschen begegneten mir wunderbarerweise immer aufs neue und so konnte ich im Laufe der Jahre aus Informationen, Notizen und Korrespondenzen meine eigenen Kenntnisse auf diesem Spezialgebiet erweitern. Mit diesem im Laufe der Zeit angewachsenen Sammelgut und den damit verbundenen Spezialkenntnissen, den schönen und wichtigen Stücken aus eigenem Besitz und dem Besitz befreundeter Sammler und Händler und nicht zuletzt den wunderschönen Fotos von Karl Verduin konnte ich das vorliegende Werk in Angriff nehmen.
Lassen Sie mich ein wenig von meinen Entdeckungen auf diesem Wege berichten, der ja im Anfang für mich echtes Neuland war:
In Holland, wo ich seit vielen Jahren wohne, habe ich den Grundstock für meine Emailsammlung gelegt. Hier gibt es nur noch eine Herstellerfirma, die auf eine längere Geschichte zurückblicken kann und deren Küchenemail, mit den Initialen B.K. signiert, für viele Holländer zu einem Inbegriff für gute heimische Wertarbeit geworden war. Diese B.K.-Artikel sind inzwischen zu einem festen Begriff geworden, wobei

Puppenküchenherd für Spiritusbetrieb, grau emailliert mit weißen Spritzern (L 43 cm, B 31 cm, H 20 cm). Gestell und Ofenplatte sind aus Eisenblech. Vordere Platte, Seitenplatten, sämtliches Kochgeschirr, außer dem Wasserreservoir, sind emailliert. Herkunft: unbekannt, ca. 1900.

Links: Ein Wandschutz für den Ausguß, weiß mit blauer Handmalerei in keramischen Farben. Das Stanzmuster ist mit Gold von Hand nachgemalt. Die Aussparung an der Unterseite paßte um einen Wasserhahn. (B 38 cm, H 48 cm).

ähnlich wie bei den »Weck«gläsern der Hersteller völlig in den Hintergrund geriet. Man sprach eben nicht mehr von Küchenemail, sondern nur noch knapp und kurz von »B.K.«.
Ich finde diese Entwicklung – sie muß wohl auch etwas mit Nationalstolz zu tun haben – in mancher Hinsicht erstaunlich, denn die vielen Stücke meiner Sammlung, die ich auf hiesigen Flohmärkten zusammengetragen habe, trugen auf ihrer Unterseite oft ganz andere

Inhalts-Verzeichnis.

Nebenstehend und auf den folgenden Seiten ein Teil des Inhaltsverzeichnisses aus dem Baumann-Katalog vom Jahre 1906.

Hasenpfanne, sehr alt, außen kobaltblau, innen weiß emailliert. Der dicke Griff sowie der Deckelgriff sind aus Eisendraht gefertigt, der Ausguß befindet sich an der schmalen Seite. Bergbau- und Industriemuseum, Theuern.

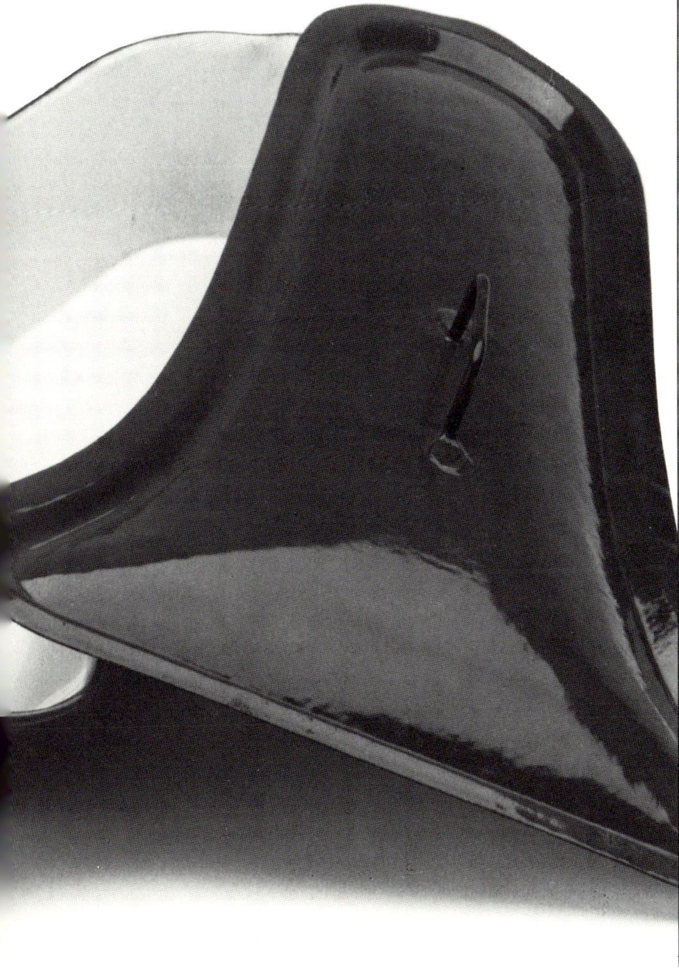

Marken. Das läßt doch nur den einen Schluß zu, daß neben der einheimischen Produktion auch ein reger Import, vor allem aus Belgien und Deutschland, den holländischen Markt beherrschte. Wie weit das mit Preis und Qualität zusammenhing, sei dahingestellt. Die holländische Ware war zweifelsohne von guter Qualität, aber auch nicht besser als die guten Stücke aus anderen Ländern. Natürlich gab es in jenen Zeiten, wo das Bargeld knapp war, auch ausgesprochene Billigartikel. Sie kamen aus Belgien, Deutschland und Frankreich. Aber gerade diese waren oft mit besonders schöner Handmalerei versehen. Die Konkurrenz muß vor allem in den zwanziger Jahren enorm gewesen sein. Aus den alljährlich herausgegebenen Adressbüchern der

Teile aus verschiedenen Küchengarnituren, 1920–1935.: Links hinten ein flacher Fischseiher mit sternförmigem Lochmuster, angeschweißtem Fuß und Ring zum Aufhängen, außen tannengrün, innen weiß emailliert, mit Goldbiese, Ø 34,5 cm. In deutschen Katalogen wurde er als Kuchenplatte angeboten. Hersteller vermutlich B.K. Holland. Davor eine rotbraun emaillierte Kaffeekanne (3 l), vermutlich aus Deutschland. In der Mitte hinten ein sechsteiliger Essenträger mit Deckel, der auch als Schüssel dienen kann (Baumann, Amberg). Daneben ein hellgrünes Wandgefäß für grüne Seife aus Holland. Davor eine grau gewölkte Augenpfanne mit Stiel unbekannter Herkunft. Tannengrüner Sackkessel mit tief in die Feuerung hängendem Reservoir, mit Goldbiesen verziert. Stahlblaue Wandseifenschale mit Goldbiese (B 15 cm, H 7,5 cm). Russischgrüne Brotbüchse mit Messingbeschlag (L 24 cm, H 12 cm, B 14 cm), vermutlich B.K. Holland. Hellblaues altes Milcheimerchen mit Deckel, Herkunft unbekannt. Geflammt terrakottafarbiges Maßkännchen. Grau-weiß gewolkter Stieltopf (Teil einer Bain-Marie) mit Deckel (H 15 cm, Ø 14,5 cm), Herkunft unbekannt. Rote Teebüchse mit vernickeltem Deckel (vermutlich aus Dreiersatz für Kaffee, Tee, Zucker), innen weiß emailliert, vermutlich B.K. Holland. Crèmefarbige Tasse mit Untertasse. Ovaler, weiß emaillierter Reisrand mit kobaltblauem Rand und Ring zum Aufhängen.

THEE

Küchenschrank mit losem Aufsatz, außen weiß, innen grau-weiß gesprenkelt emailliert (L 64 cm, B 35 cm, H 70 cm, der Aufsatz ist 48 cm hoch). Die Dekorgirlanden sind Steindrucke, von Hand ausgemalt. Auf dem nicht sichtbaren Teil des Aufsatzes steht: »Navarre-Ganshoren, marque et modèle déposée«. Offensichtlich wurde der Schrank in Belgien hergestellt. Die Scharniere, Aufsatzbügel und Knopfgriffe sind aus vernickeltem Eisen. Im Innern des Schrankes erkennt man eine Schokoladenkanne, der Henkel ist mit Peddigrohr umwickelt, das Steindruckdekor stellt einen Alpenblumenstrauß dar. Die Butterdose darunter, ebenso die Zuckerdose auf dem Schrank haben ein aufgedrucktes und ausgemaltes Blumenmotiv, desgleichen die Kaffeekanne und die kleine Teekanne. Das Ornament des großen Wasserkessels entstand im Spritzverfahren unter Verwendung von mehreren Schablonen.

Emailindustrie geht hervor, daß es in jedem dieser Länder hunderte von Herstellern gab, deren Warenlisten und Warenzeichen dort mitsamt der Zahl der Angestellten nachzulesen sind. Hier fand ich auch den lange gesuchten Hersteller für ein Warenzeichen, dem man immer wieder auf den Flohmärkten und bei den Altwarenhändlern in ganz Europa begegnet: Einen aufrecht stehenden Löwen, der sich auf einen mit dem Buchstaben B versehenen Krug stützt. Ich konnte so ausfindig machen, daß es sich um den Anfangsbuchstaben der Firma Baumann in Amberg handelt, die noch heute dieses Warenzeichen benutzt. Im Bergbau- und Industriemuseum Theuern kann man an den gezeigten Ausstellungsstücken dieses Herstellers einen Eindruck davon bekommen, zu welchen Leistungen einst die Emailindustrie imstande war, als sie sich zum Ziel gesetzt hatte, keramische Ware perfekt zu imitieren. Man findet dort neben schönem einfachen Emailgeschirr auch Prunkpokale, Ziergegenstände, Zunftkrüge und Waschgarnituren, deren Herstellung sicher kostspielig war und die ihren Weg, wenn schon nicht auf die Märkte, dafür aber als Prestigeobjekte auf Weltausstellungen fanden.

Bei vielen Emailartikeln, z.B. wunderschönen Kaffeekannen, fehlt aber jegliches Warenzeichen. Daher ist es leider oft unmöglich, heute noch die Herkunft einwandfrei festzustellen, zumal viele Fabriken schon lange nicht mehr existieren. Sicher stammen manche dieser Stücke aus dem alten Österreich oder ehemaligen deutschen Ostgebieten. Meine Nachforschungen brachten aber in solchen Fällen nur negative oder magere Ergebnisse. Der Grund mag darin liegen, daß dieser Branche dort zur Zeit keine wesentliche Bedeutung beigemessen wird. In den westlichen Ländern hat sich in den letzten 5 Jahren auf diesem Gebiet ein spürbarer Wandel vollzogen. Manche Museen veranstalten Ausstellungen und Aktionen, die die Anfänge industrieller Massenfertigung – man spricht von Industriearchäologie – zum Gegenstand haben. Neuerwerbungen kommen hinzu, an denen die wenigen Fabriken, die schon seit über hundert Jahren auf diesem Gebiet tätig sind, einen nicht unerheblichen Anteil haben. Bei diesen traditionsbewußten Unternehmen sind nicht nur viele Musterstücke und Modelle erhalten geblieben, sondern auch Kataloge und Schriftstücke aus der Pionierzeit der Branche. Vieles ist aber nur mündlich weitergegeben worden auf diesem Gebiet, wo man noch weitgehend empirisch gewonnene Fertigungsregeln befolgte. Die Zusammensetzung der Rohstoffe, die Temperaturen, das Haften der Emailmasse auf dem Blechgefäß wurden als Betriebsgeheimnisse sorgfältig gehütet.

Ganz anders heute: Eine spezialisierte Rohstoffindustrie liefert den Eisen- und Stahlblechstanzwerken die entsprechenden Glasursubstanzen – »Fritten« genannt – normgerecht, zu denen der Hersteller

462 SEARS, ROEBUCK & CO., CHICAGO, ILL. CATALOGUE No. 117.

LOW PRICES BEFORE, STILL LOWER NOW ON OUR LINE OF

TRUE BLUE ENAMELED STEEL WARE

WITH A FEW EXCEPTIONS

BEWARE OF IMITATIONS

WE GUARANTEE

$4.58 COMPLETE OUTFIT OF TRUE BLUE ENAMELED WARE $4.58

YOU SAVE ON THE COST OF EACH ITEM WHEN YOU BUY A COMPLETE OUTFIT

WE SELECT THE ARTICLES

YOU SAVE STILL MORE.

The low prices in our last catalogue have been still further reduced in this book on over 3,000 hardware items alone.

Seite aus dem amerikanischen Versandhauskatalog der Firma Sears, Roebuck & Co., Chicago, aus dem Jahre 1908.

Rechts: Grillrost, neublau emailliert, mit vier angenieteten Füßen und angenietetem Stiel mit Saftrinne (25 x 25 cm).

Farbstoffe mischt, das Gemenge aufmahlt und daraus den mit Wasser angerührten Schlicker gewinnt.
Doch zurück zur Jahrhundertwende: Trotz aller Betriebsgeheimnisse hatten sich in ganz Europa bald bei den Emailartikeln gewisse Standards in Form und Farbe herausgebildet, die es dem Hersteller oft erschweren, seine Artikel gebührend gegenüber der Konkurrenz herauszustreichen. Verliehene Goldmedaillen wurden daher in jedem Katalog sorgfältig aufgezählt.
Aus Exportkatalogen wird ersichtlich, daß manche Gefäße, die im Inland für ganz bestimmte Zwecke produziert wurden, im Ausland für

ganz andere gebraucht wurden – je nach den verschiedenen Eß- und Lebensgewohnheiten.
Für alle Sammler, die noch mehr Überraschendes und Wissenswertes über dieses Gebiet erfahren und die Vollständigkeit ihrer Sammlung überprüfen möchten, sei hier das Inhaltsverzeichnis eines Katalogs der Firma Baumann aus dem Jahre 1906 wiedergegeben (siehe Anhang). Sicher wird diese verwirrende Fülle des Angebots jedem Sammler eine leise Ahnung aufdämmern lassen, daß es bis zur Vollständigkeit seiner Sammlertätigkeit noch ein weiter Weg ist. Und dem Leser unserer Tage wird bald klar, daß der Besuch einer damaligen Fachmesse mindestens so verwirrend und ermüdend gewesen sein muß wie heutzutage.
Die schon erwähnten Standards in Form und Farbe bei allen Herstellern ließen nur einen Weg offen, wollte man die Unterschiede für den Käufer deutlich machen: Man brauchte die Verzierung, das Dekor. Die Wahl wurde dann durch die Geschmacksrichtung des Betrachters gesteuert, wenn dieser sich nicht bereits auf eine bestimmte Fabrikmarke festgelegt hatte.

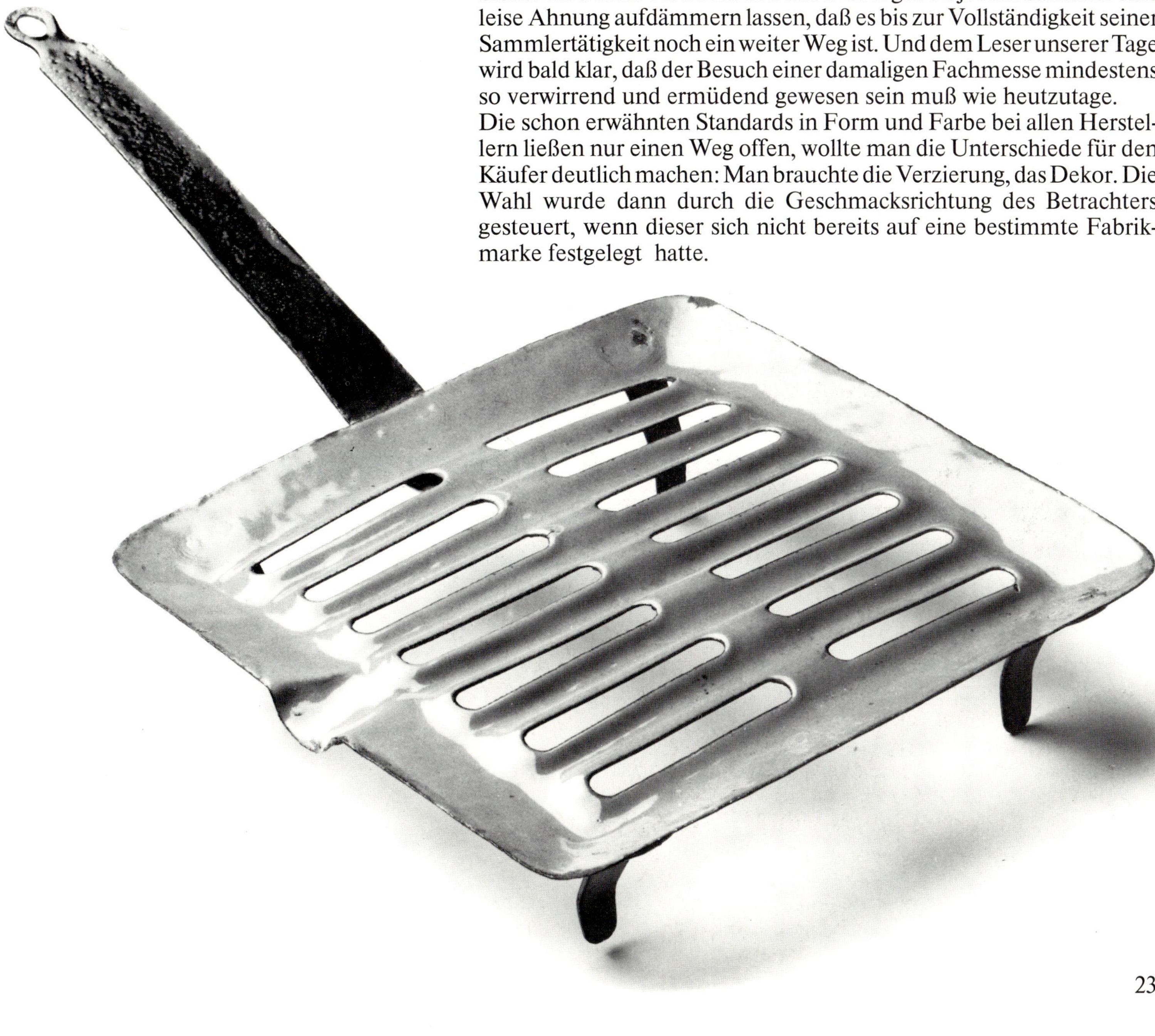

Oben: Sehr alte Milchkanne mit Deckel, weiß mit blauen Rändern, gefalzt und genietet, mit Porzellanknopf. Bergbau- und Industriemuseum, Theuern.

Rechts: Mustertafel der Firma Schweizer, um 1900.

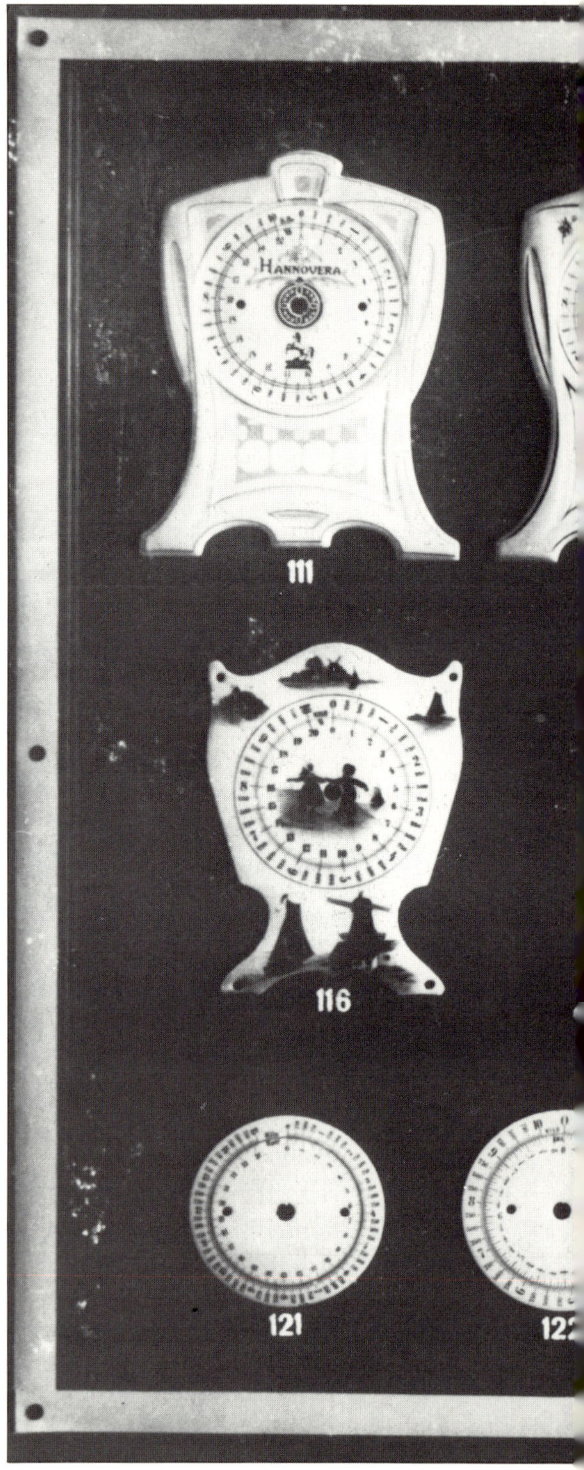

Folkloristische Motive sollten die Landbevölkerung ansprechen, feine Porzellanmalereien sollten mit echtem Porzellan wetteifern und auch neue Stilrichtungen, wie der eben erst aufgekommene Jugendstil, sollten das Angebot bereichern, oft in überaus reizender Handmalerei. Bei dieser Vielfalt fällt es schwer, ja es ist nachgerade oft unmöglich, bei Geschirren ohne Fabrikmarke den Hersteller zu ermitteln. Theoretische Überlegungen können bei dem damaligen Verwirrspiel von Im- und Export oft fehlgehen. Ein Beispiel: Auf der Unterseite eines zier-

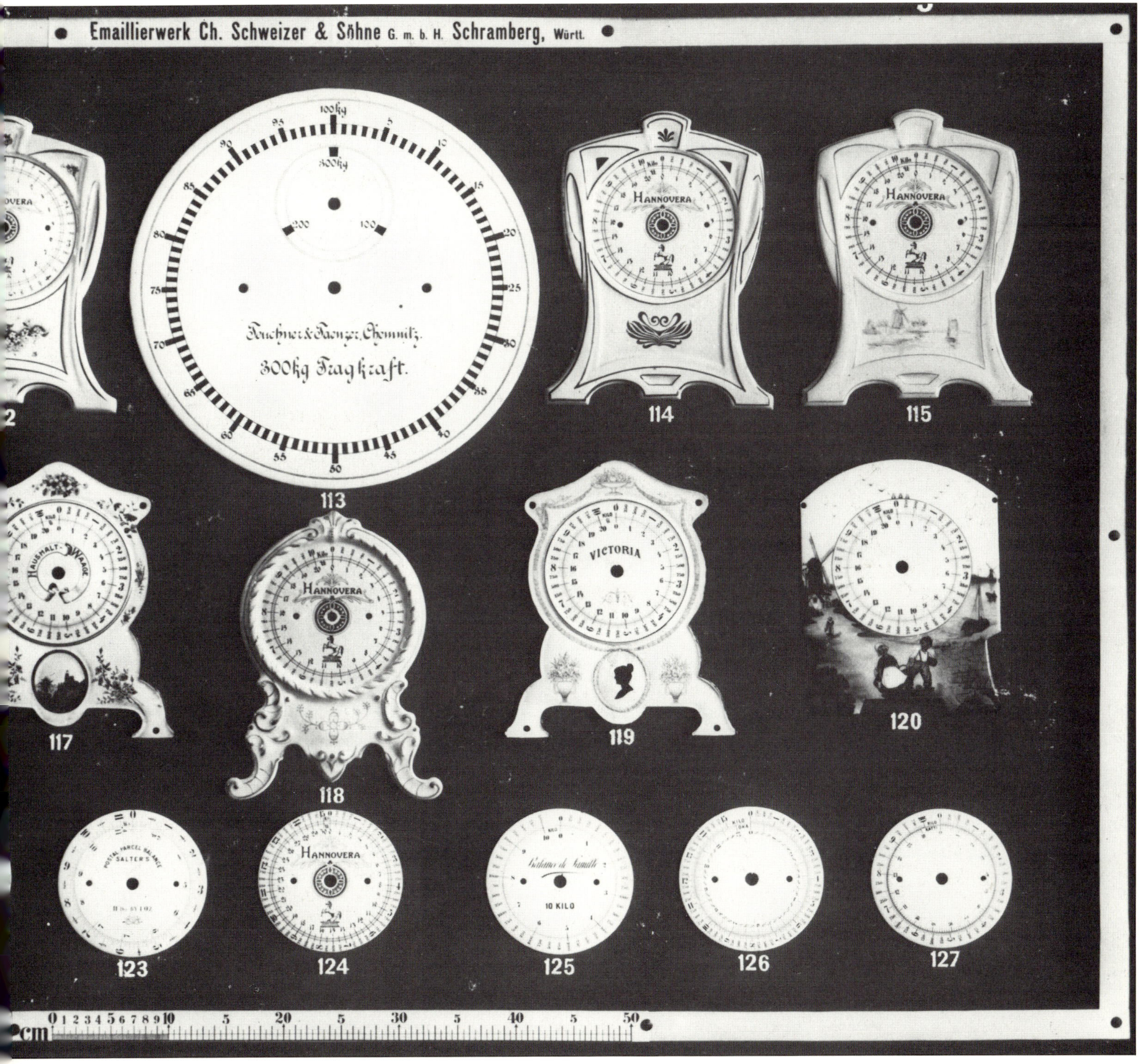
Emaillierwerk Ch. Schweizer & Söhne G. m. b. H. Schramberg, Württ.
300kg Tragkraft.
HANNOVERA
VICTORIA
HAUSHALT-WAAGE
POSTAL PARCEL BALANCE
SALTER'S
10 KILO
113
114
115
117
118
119
120
123
124
125
126
127
cm

Geschmiedete Fleischgabel, kobaltblau emailliert (L 40 cm), die man an ein Löffelblech hängen kann.

Links: Detail einer großen Wasserkanne, die verschiedenen Teile sind aneinandergenietet. Beim Bördeln wurde im oberen Rand der konischen Kanne ein Eisendraht mitgeführt. Sie ist blau-weiß marmoriert und 45 cm hoch.

lichen Deckelglases, welches mit französischer Inschrift in Gold und mit Röschen und Vergißmeinnicht verziert war, und das ich als typisch französisch im angeblichen Herstellerland erworben hatte, fand ich bei genauerem Zusehen den Ort der Herstellung eingeätzt: Böhmen...
Die böhmische Industrie wollte offensichtlich der damaligen Vorliebe für lieblichen Blumendekor entgegenkommen und rechnete wohl mit der Vorstellung der Käufer, daß alles, was aus Frankreich kam, den feinen Geschmack des Besitzers widerspiegelte. Vielleicht waren sogar die Blumenmaler extra aus Frankreich angeworben worden? Wir werden es nie mit Sicherheit erfahren, auch nicht, ob jene Kaffeemaschine mit dem schönen Blumenstrauß, die ich seinerzeit glücklich aus Frankreich mitbrachte, auch wirklich französischen Ursprungs ist.
Allgemeine Muster, die das ganze Gefäß bedeckten, waren oft unerklärlicherweise an die Vorliebe eines Landes oder einer bestimmten Bevölkerungsschicht gebunden. Das war oft für den Verkauf von entscheidender Bedeutung. Man kann Hinweise dafür aus Gesprächen mit älteren Menschen erhalten, aber auch Werbeannoncen und die Häufigkeit mit der die gleichen Artikel auf Flohmärkten auftauchen, sind manchmal ein brauchbarer Fingerzeig. Sogar aus Amerika findet man Emailgeschirr.
Die offensichtliche Vorliebe vieler Amerikaner für Wolkenemail, das blau- und grauweiße sogenannte Granito, hatten sie wohl von ihren Einwanderern übernommen, die solche Stücke aus ihrer alten Heimat mitgebracht hatten. Wie aus alten Versandhauskatalogen hervorgeht, wurden diese Artikel noch lange Zeit aus dem Ausland bezogen, bevor die eigene Produktion anlief. In vielen Cowboyfilmen, auf dem Kanonenofen des Sheriffs, in der Wohnküche der Blockhütte, entdeckt man Kaffeekannen und Schöpfkellen dieser Art.
Hier findet sich auch der Grund dafür, daß kurz nach dem letzten Weltkrieg unsere schönsten, aber auch die einfachen Küchenutensilien in solchem Umfang nach Amerika verkauft wurden. Heute, wo auch wir diese Vorliebe bei uns selbst entdeckt haben, freuen wir uns über das blau-weiße Wolkenemailgeschirr - aus Mexiko - , das nunmehr in Boutiquen bei uns angeboten wird...

Technik des Emaillierens von Küchengeschirr

Aus vielen Gesprächen mit Kunden, die meine Küchenboutique besuchten, wurde mir deutlich, daß oft mehr als nur die Sammelleidenschaft hinter dem Interesse für die alten Küchengeräte steht. Sicher, der häufigste Grund dafür ist die Freude am schönen Äußeren und oft auch am Funktionieren der alten Emailartikel. Dann aber zeigt sich auch ein steigendes Interesse an der Herstellungstechnik und an der Zusammensetzung der verwendeten Rohstoffe, allenfalls auch an der rapiden Entwicklung, die im letzten Jahrhundert vom handwerklichen Emaillierbetrieb zur modernen Massenfabrikation geführt hat. Die jahrtausendealte Vorgeschichte, die Emailliertechniken der Gold- und Silberschmiede, das alles wird zwar auch »mit Interesse« zur Kenntnis genommen, doch das große »Aha!« bleibt aus. Mir selbst geht es da nicht viel besser. Es scheinen Welten zwischen unseren Email-Massenartikeln und der traditionsreichen Emaillierkunst der Gold- und Silberschmiede zu liegen. Übrigens nicht nur das, auch im geschichtlichen Ablauf gibt es eine deutliche Zäsur: Bis in das 17. Jahrhundert stand das Kunstemail in hoher Blüte, nicht nur für kirchliche Insignien, sondern auch in der profanen Kunst der Amulette, Dosen, Schalen, Schmuckstücke, Gefäße usw. Dann fällt diese Emailkunst in eine Art Dornröschenschlaf, um erst im 19. Jahrhundert, als Kunstgewerbe und Hobby neu entdeckt zu werden. Unterdessen aber hatte unser »Zweckemail« seit 175 Jahren seinen eigenen Weg zurückgelegt.
Da wir über die Geschichte der Eisenemaillierung, um diese handelt es sich nämlich, noch an anderer Stelle berichten werden, lassen wir jetzt den Fachmann zu Worte kommen, der uns über unser Sammelgebiet noch manches Wissenswerte zu berichten hat.

Doppel-Essenträger, außen dunkelblau, innen grau-weiß marmoriert (ein Behälter H 11 cm, ganze B 23 cm). Deckel und Deckelrand sind aus zwei Teilen zusammengefalzt, Träger und Deckelknopf sind aus Blechstreifen gefertigt. Alle Teile sind angenietet.

SCHUTZ-MARKE 137

L-Ware

Leichtere Ware, innen und außen weiß emailliert mit blauem Rand.

Zur einfacheren Bezeichnung und richtigen Lieferung dieser Ausführung bitten wir den Musterbuchnummern den Buchstaben „L“ beizufügen. Wenn dieser Buchstabe nicht beigesetzt ist, liefern und berechnen wir die gewöhnliche schwere Ware. In leichterer Ware werden nur die in dieser Liste enthaltenen Geschirre geliefert und **zwar einzig und allein in weiß**, also nicht etwa in blau-weiß, braun-wolkig-grau, geädert etc.

Nr. 1000 L.

Teller

gebaucht, ohne Rand (Reisteller)

Weite	16	18	20 cm
emaill.	54	63	72 Pfg.

Nr. 1010 L.

Teller

tiefe Form mit glattem Rand

Weite	20	22	24 cm
emaill.	50	54	63 Pfg.

Nr. 1030 L.

Suppennapf

Weite	12	14	16	18	20 cm
Liter	1/2	3/4	1	1 3/8	1 3/4
emaill.	63	72	81	90	113 Pfg.

Nr. 1185 L.

Tasse

Weite	9	10 cm
emaill.	72	81 Pfg.

Nr. 1242 L.

Untertasse

Weite	13	14 cm
emaill.	46	50 Pfg.

Nr. 1825 L.

Weidling

Weite	20	22	24	26	28	30 cm
Liter	1	1 1/2	2	2 1/2	3	4
emaill.	153	167	180	198	216	243 Pfg.

Herzförmiger Löffelhalter mit gestanzten Löchern und einem Drahtring zum Aufhängen (L zur Spitze 23 cm, B 16,5 cm). Bergbau- und Industriemuseum.

Katalogseite um 1929.

Sago-Büchse, grau-weiß gewolkt (H 20,5 cm, Ø 14 cm), Herkunft unbekannt. Bergbau- und Industrie-museum, Theuern.

Illustration aus: Die Emailindustrie, Stiftung Unterrichts-Ausstellungen 1950: Der erste Brand.

Was ist Email?
Die Bezeichnung »Email« stammt von dem lateinischen Wort »smaltum« - althochdeutsch smelzan, italienisch heute noch smalto, und französisch émail - wobei der französische Ausdruck auch vom deutschen Sprachgebrauch übernommen wurde.
Wissenschaftlich definiert, ist Email »eine durch Schmelzen oder Fritten entstandene, vorzugsweise glasig erstarrte Masse mit anorganischer, in der Hauptsache oxidischer Zusammensetzung, die in einer oder mehreren Schichten, oft mit Zuschlägen, auf Werkstücke aus Glas oder Metall aufgeschmolzen werden soll oder aufgeschmolzen ist«. Einfacher kann man auch sagen »Email ist eine auf Metall aufgeschmolzene Glasschicht.«.

Illustration aus: Die Emailindustrie, Stiftung Unterrichts-Austellungen 1950: Das Aufbringen des Innenemails.

Haushaltswaage, weiß, emailliert, gußeisernes Gestell, Zifferblatt und Schale emailliertes Eisenblech. Die Konturen der Prägung sind mit Gold nachgezogen (Höhe mit Schale 34 cm). Hersteller Vesta.

Rückansicht der Waage von S. 32.

Das Aufspritzen des Deckemails.

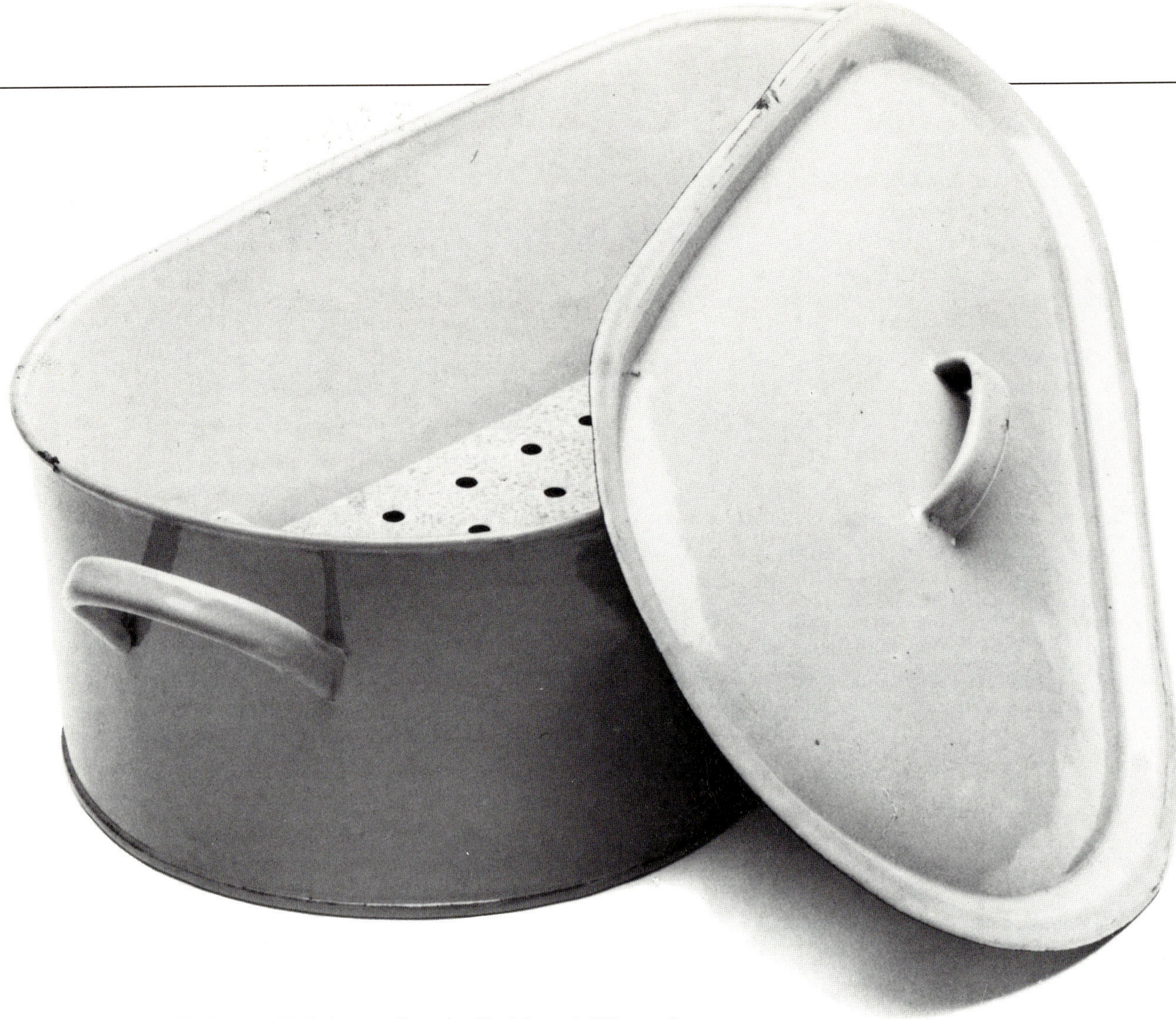

Als Träger für das Email dienen Edelmetalle wie Gold und Silber, dann Kupfer und Tombak, vor allem aber, wie in unserem Falle, Gußeisen und Stahlblech (und neuerdings auch Aluminium).
Gerade bei den aus Stahlblech hergestellten Gegenständen, die sich seit Erfindung der Ziehpresse so gut als Massenware eignen, kommt zu den Vorzügen der Stabilität und Widerstandsfähigkeit durch den glasigen Emailüberzug noch die Rostfestigkeit und das gefällige Aussehen. Unser Gewährsmann vergleicht den Vorgang in charmanter Weise mit einem guten Ehestand: »Der Stahl als das männliche Element, hart, fest, widerstandsfähig. Das Email als das weibliche Element, anschmiegsam, treu haftend, verschönernd, zierend und schützend.« Und auch folgender Satz scheint aus dem vollen Menschenleben gegriffen: »Jeder Gegenstand, der emailliert werden soll, muß seine end-

Schinkenkessel oder Kasserolle, außen blau, innen weiß emailliert. Der herausnehmbare durchlöcherte Rost ist gewolkt, der Boden gefalzt. (L 50 cm, B 27 cm, H 16 cm). Bergbau- und Industriemuseum, Theuern.

Brotbüchse auf Ständer, braun emailliert mit weißer Schrift und Bandverzierung. Der Fuß der Brotbüchse kann am Untergestell mit Klammern befestigt werden. (H 70 cm, Ø 39 cm, Sonderanfertigung) Bergbau- und Industriemuseum.

Illustration aus: Die Emailindustrie. Rotglühend kommen die emaillierten Töpfe aus dem Brennofen.

gültige Form *vor* dem Emaillieren bekommen. Ein späteres Richten oder Verformen des Verbundwerkstoffes »Email-Metall« ist nicht mehr möglich...«

Die Eisenemaillierung, mit der der Gebrauchswert dieses rostanfälligen »unedlen« Metalls so bedeutsam gesteigert werden konnte, brachte nicht nur einen idealen Rostschutz, Dauerhaftigkeit, Oberflächenglanz und abwechslungsreiche Farbgebung. Email war zudem der einzige beständige Oberflächenschutz, mit dem eiserne Gefäße einer Temperaturbeanspruchung unterworfen werden konnten.
Stetig wurden nunmehr die Eigenschaften des Emails verbessert und weiterentwickelt. So lernte man die Ausdehnung des Emails den eisernen Gegenständen anzupassen und durch Aufrauhung des Metalls die Emailhaftung zu verbessern. Ende des vergangenen Jahrhunderts wurde die Bedeutung der Haftoxide Kobalt und Nickel erkannt, die es ermöglichten, daß aus dem System Eisen/Glasur ein untrennbarer Werkstoff entstand.
Die konventionelle Emaillierung ist zweischichtig. Das **Grundemail** als erste eingebrannte Schicht enthält die genannten Oxide des Kobalts und Nickels, die für die Haftung notwendig sind. Das **Deckemail** wird auf das grundierte Werkstück dann in einem zweiten Brand aufgebracht und verleiht dem Gegenstand seine Farbe, Oberflächenstruktur und die gewünschten chemisch-physikalischen Eigenschaften. In den letzten Jahrzehnten gewann die Direktweiß-Emaillierung immer mehr an Bedeutung. Die Haftreaktion bei diesem Verfahren ist abhängig von der Vernickelung der Bleche. Spielten auch ökonomische Gesichtspunkte bei dieser Entwicklung mit, so war doch ein Hauptanreiz das Bestreben, die Schichtdicke des Emailüberzugs zu verringern: Je dünner das Glas oder die Emailschicht ist, desto widerstandsfähiger wird sie gegen Schlag und Verbiegung.

Herstellung der Emailfritte und des Schlickers
Das Email besteht in seiner **Grundsubstanz** hauptsächlich aus Quarzmehl und Feldspat. Dieser Grundsubstanz werden **Flußmittel** zugesetzt wie Borax, Soda, Salpeter, Pottasche, Bleimennige, Barium- und Zinkverbindungen, um den hohen Schmelzpunkt der erstgenannten kräftig herabzudrücken. (Barium-, Blei- und Zinkverbindungen sind aber bei unserem Kochgeschirr grundsätzlich verboten!).
Als **Haftmittel** werden dem Grundemail, wie gesagt, Kobalt und Nickeloxide beigegeben.
Mit all diesen genannten Rohstoffen bleibt aber der Schmelzfluß noch durchsichtig. Die gewünschte Farbgebung entsteht durch die Beigabe sogenannter **Trübungsmittel.** Als solche dienen Flußspat, Kryolith,

Billige Blechware, wie sie in rohem Zustand noch lange neben dem emaillierten Pendant im Handel war. Beide Ausführungen sind nebeneinander dargestellt. Helle Napfkuchenform (oberer Ø 25 cm), daneben eine sehr ähnliche Form aus verzinntem Blech. Braun emaillierte Weintraubenform für Pudding, daneben die gleiche Form ohne Email. Braun-weiß gesprenkelte Deckelkanne, daneben eine kleinere ältere Ausführung in Blech. Grau-weiß gewolkte »Bärentatzen-Form«, daneben die gleiche Form aus Blech. Zwei Reiben, von denen die eine kobaltblau emailliert ist und die andere als Blechware verkauft wurde (Länge der Reibfläche 18 cm), vermutlich deutsch.

Gegenstände, bei denen mit einfachster Schablonentechnik sehr dekorative Ergebnisse erreicht wurden: das Karomuster der großen Kaffeekanne wurde mit Hilfe eines Blech- oder Stanniolstreifens erzielt. Die Gewürzdose – kleinste aus einem französischen Satz, der aus 6 Teilen bestand – ist mit Blumenmotiven verziert. Der weiße durchbrochene Brotkorb (Ø 24 cm) zeigt ein zweifarbiges Blumendekor, das mit Hilfe von zwei Schablonen aufgespritzt wurde.

Zinnoxid, Antimonoxid und keramische Farbkörper, d.h. anorganische Oxide. So entstehen folgende Farben:

Dunkelblau	- Kobaltoxid
Lichtblau	- Kobaltoxid und Tonerde
Grün	- Chromoxid
Gelb	- Schwefelcadmium
Orange/Rot	- Schwefelcadmium mit Kadmiumseleniden
Rotbraun	- Eisen- und Nickeloxid
Schwarz	- Gemisch von Kobalt-, Eisen-, Mangan- und Chromoxid
Grau	- die vorgenannten Oxide mit Tonerde

Entscheidend bei all diesen genannten Stoffen, aus denen unser Email entsteht, ist natürlich ihr richtiges Mischungsverhältnis. Je nach dem Verwendungszweck des Emailartikels kann man nämlich auch seine gewünschten Eigenschaften beeinflussen, z. B. die Kochfestigkeit, Säurebeständigkeit, Temperaturwechsel- und Verwitterungsbeständigkeit und vieles mehr.
Diese genau festgelegte Mischung wird nunmehr bei einer Temperatur von ca. 1200 °C geschmolzen, in Wasser oder zwischen wassergekühlten Walzen abgeschreckt. Es bilden sich sogenannte Granalien oder Schuppen: **Die Fritten.** In diesem Zustand ist eine Fritte aber noch nicht auftragsfähig. In einer Kugelmühle wird sie mit einem Schwebemittel, Ton, Farbkörper und sog. Stellmitteln versetzt und mit Wasser vermahlen. Ist eine gewünschte Mahlfeinheit erreicht, wird die Mühle entleert und wir erhalten endlich die auftragsfähige Glasurmasse, auch **Schlicker** oder **Schlempe** genannt.
Die Fritten können aber auch trocken vermahlen werden. In diesem Falle wird das fein vermahlene Email durch geeignete Siebe im Puderverfahren, z. B. bei Gußeisen, auf die vorher zum Glühen gebrachte Ware aufgebracht. Neuerdings gibt es in beiden Fällen, beim Feuchtauftrag des Schlickers und beim Trockenauftrag die Beschichtung in einem elektrostatischen Feld, ein recht verlustarmes Verfahren, bei dem das eingesetzte Email bis zu 95–98 % auf dem zu beschichtenden Gegenstand niedergeschlagen wird.

Das Brennen des Emails
Unabhängig davon, wie das Email auf die Ware aufgetragen wird, muß nunmehr durch den Brennvorgang eine innige Verbindung zwischen Email und Metall hergestellt werden. Bei Stahlblechen beträgt die Brenntemperatur in der Regel 820–850 °C. Es kann intermittierend in Muffelöfen oder kontinuierlich in Durchlauföfen gebrannt werden. Je nach dem Verwendungszweck kann man die Emailoberfläche beein-

flussen, sie kann hochglänzend, seidenmatt oder matt, ja sogar rauh sein.
Durch diesen Einbrennvorgang erhält der emaillierte Gegenstand neben den schon erwähnten Vorzügen (Oberflächenhärte, Hitzebeständigkeit, Säurefestigkeit usw.) eine Eigenschaft, die wir sonst bei keinem anderen zur Oberflächenbeschichtung bestimmten Werkstoff finden: Die untrennbare chemische Verbindung mit dem Basismetall. Aus diesem Grund kann auch bei Beschädigung keine Unterrostung erfolgen. Wird Eisen durch Lacke oder Kunststoff geschützt, so genügt die geringste Beschädigung zur Rostbildung. Die Schutzschicht hebt sich unter Blasenbildung von der Metalloberfläche ab. Das Gleiche gilt auch für metallische oder galvanische Beschichtungen wie z. B. Verzinkung, Vernickelung oder Verchromung.
Man sieht, die Emaillierung von Metallartikeln stellt einen Sonderfall dar, wenn man an die Langlebigkeit denkt, und ist praktisch ein Verfahren ohne Alternative.
Die Brennöfen in denen die Emailware gebrannt wurde, wurden früher durch Generatoren beheizt, die sich 15 Meter vom Gebäude entfernt auf dem Fabrikgelände befanden. Ein Heizer bediente mehrere Öfen, wobei die Beheizung sehr präzise sein mußte, da der Zeitfaktor und die richtige Temperatur sehr wichtig für den Glasfluß waren. Das Generatorgas, aus Braunkohlenbriketts oder Steinkohlenkoks gewonnen, wurde durch einen Schacht zum Muffelofen (Brennofen) geleitet und gezündet. Eine große eiserne Glocke diente zur Gasverteilung, so daß von einem Generator zwei Brennöfen beliefert werden konnten.

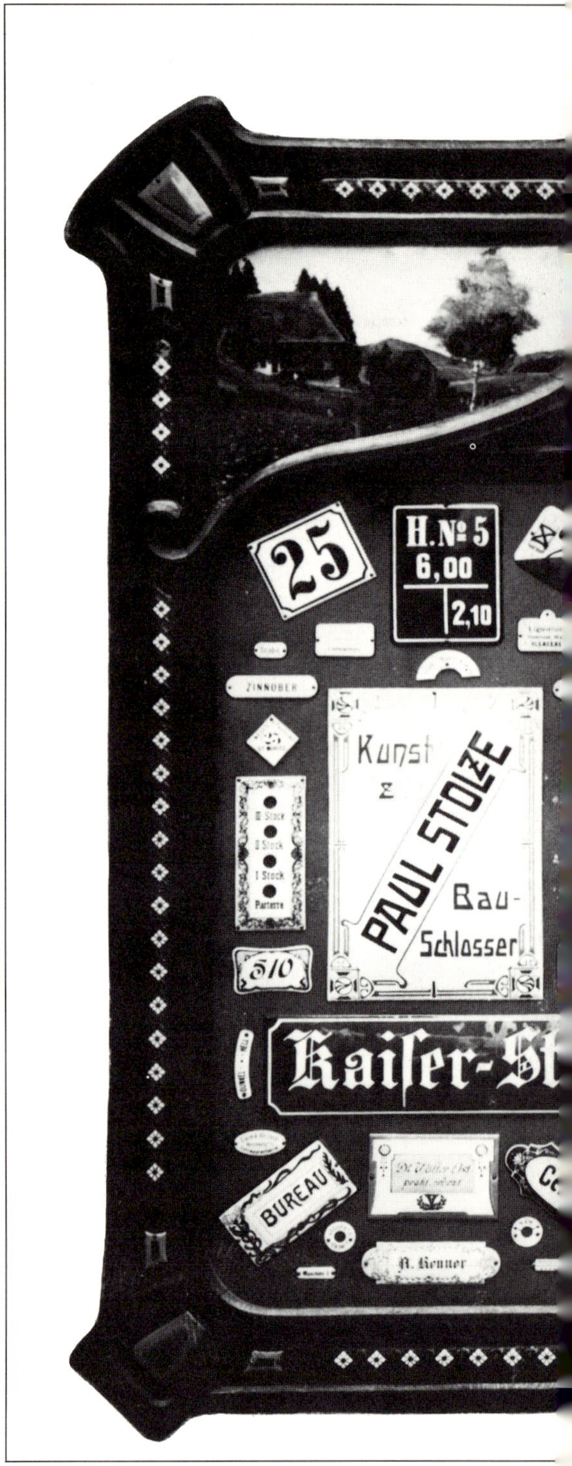

Mustertafel der Firma Schweizer, um 1900.

EMAILLIERWERK
CH. SCHWEIZER & SŒHNE
G.m.b.H.
SCHRAMBERG.

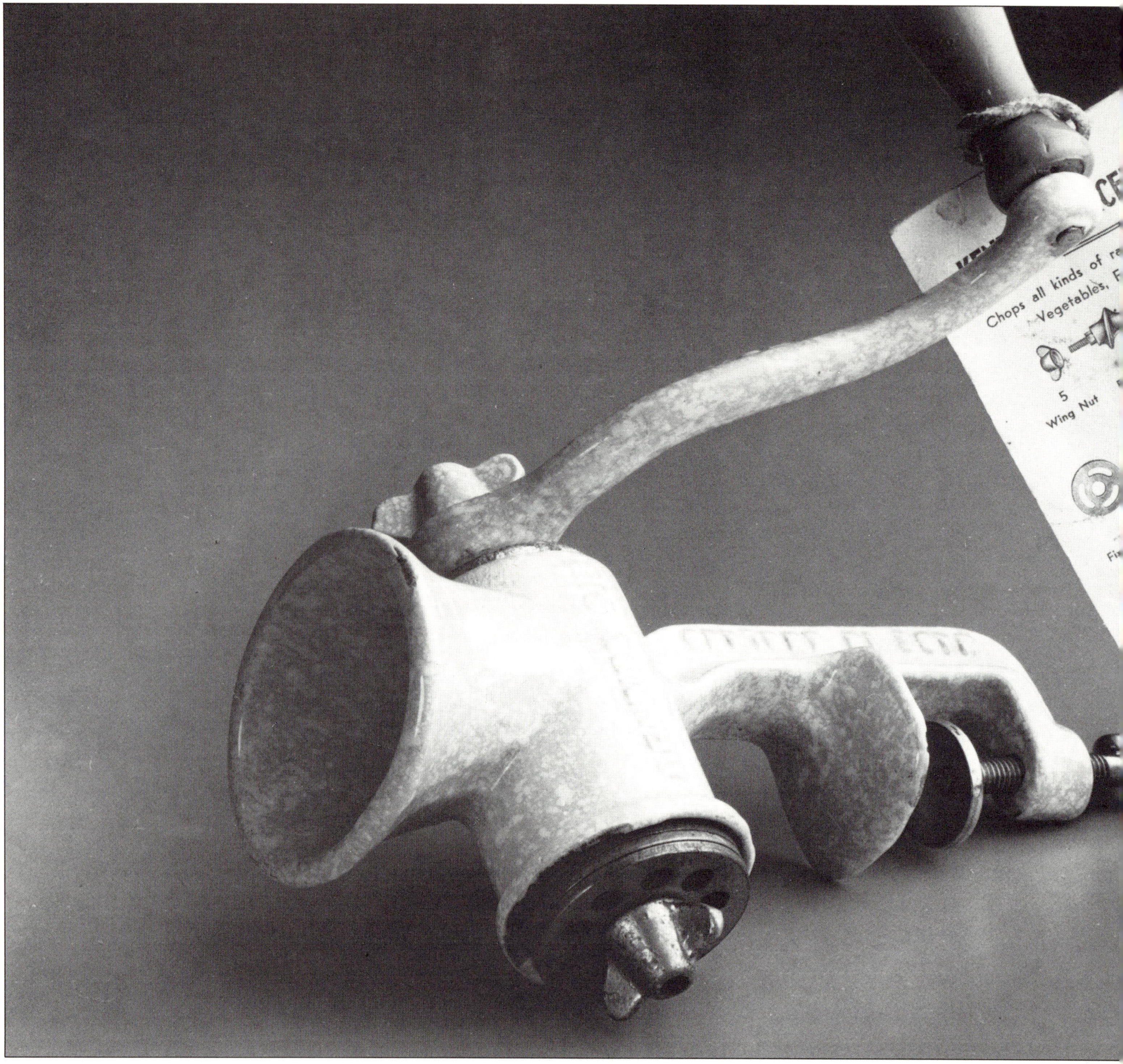
Chops all kinds of
Vegetables,
5
Wing Nut

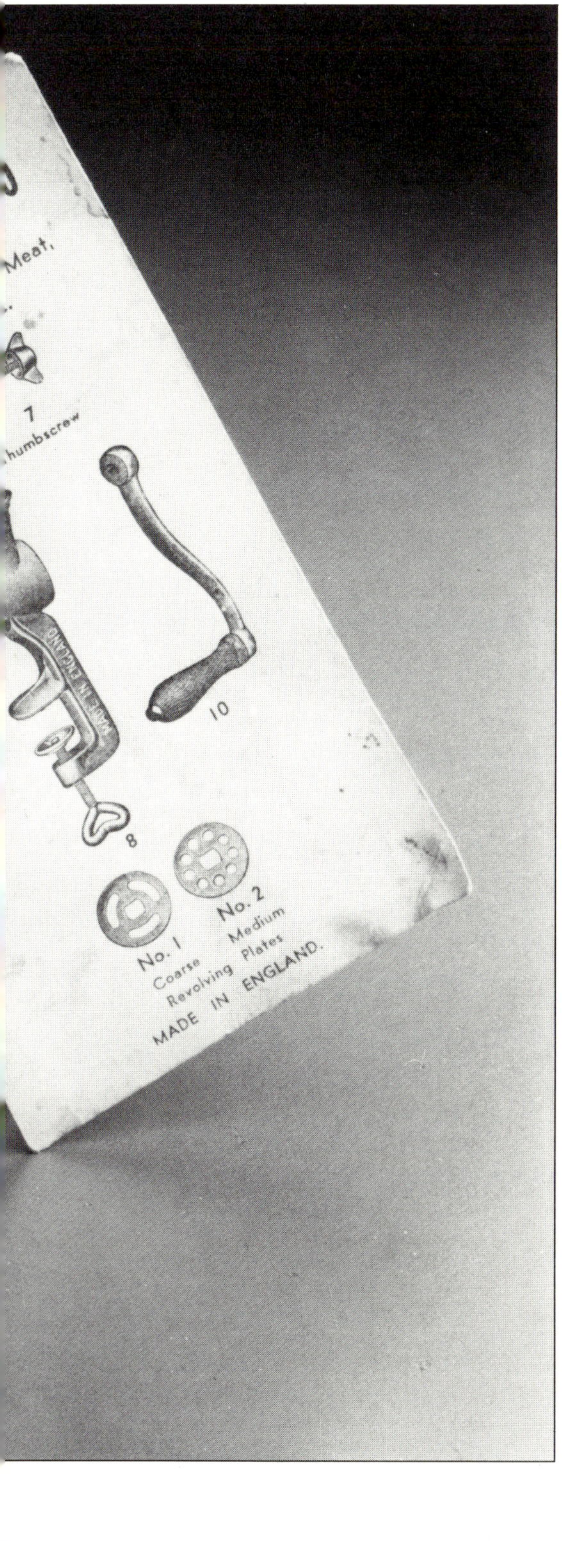

Geschichtliche Entwicklung des Emails

Wir müssen annehmen, daß Email zuerst im Raum des Mittelmeers im 2. Jahrtausend vor Christus seine Anwendung fand, vor allem in Ägypten und auf Zypern. Nachdem bereits das Glas bekannt war und man es gelernt hatte, dieses einzufärben, ist irgendwann irgendjemand auf die Idee gekommen, ein solches Glas zur Verzierung von aus Metall gefertigten Gegenständen zu verwenden. Das Email war geboren. Man konnte mit diesem Werkstoff die uni gefärbten Metalle durch brillante Farbgebung bereichern, wertvoller und schöner machen.

Bedauerlicherweise sind uns nur relativ wenige emaillierte Gegenstände erhalten geblieben. Ein Großteil der in diesem Zeitraum gefertigten Kunstwerke ruht sicherlich noch unter der Erde oder ist zerstört worden oder verloren gegangen. Was aber bis heute zutage kam, zeugt durchweg vom hohen Niveau der handwerklichen Kunst in dieser Zeit.

Seltsamerweise verfiel im 18. Jahrhundert, zumindest in Europa, die Kunst des Emaillierens auf Edelmetall fast vollständig. Auch im 19. Jahrhundert hatte die Emaillierung von Kunstgegenständen eine untergeordnete Bedeutung. Erst im 20. Jahrhundert lebte die Kunstemaillierung wieder auf; nicht nur in Werkstätten, sondern auch als Hobby im privaten Bereich. Weltweit versorgen einige darauf spezialisierte Firmen die Kunden mit Emails und den zur Emaillierung notwendigen Ausrüstungsgegenständen.

Im 19. Jahrhundert begann man vorerst versuchsweise mit dem Emaillieren des Eisens. Im Zeitalter der Kohle und des Stahls, in welchem der Werkstoff Eisen in größerem Umfang erhältlich wurde, trat an die Stelle des Kunstemails auf Edelmetall das emaillierte Eisen als Industrieprodukt.

Wir wissen, daß schon in der 2. Hälfte des 18. Jahrhunderts, vor allem in Deutschland, die Emaillierung von gußeisernen Gefäßen mit Erfolg versucht wurde. Schon im Jahre 1764 wurden im Hüttenwerk Königsbronn gußeiserne Gefäße mit einer Glasur überzogen.

1782 wurde in Schweden offenkundig erstmalig die Emaillierung von Stahlblech durchgeführt und Berichte aus dem Werk Lauchhammer lassen erkennen, daß im Jahre 1785 auch dort Gußeisen emailliert wurde.

Gußeiserner Fleischwolf, resedagrün – weiß gesprenkelt emailliert. In den 20er Jahren in England hergestellt.

Ovale *Abwaschschüssel, außen und innen grau-weiß gefleckt, Boden gefalzt (L 30 cm, B 21 cm, H 10 cm), holländisch. Nachahmung einer hölzernen Wanne.*

Es folgen Jahrzehnte der Empirie, jedes Emaillierwerk schmolz seine eigenen Emails nach Geheimrezepturen, die sich im Besitz der Emailliermeister befanden. Nicht selten war die Zusammensetzung der Rezepturen den Werkseignern unbekannt. Mit wenigen Ausnahmen kaufen heute die Emaillierwerke ihre Fritten von Schmelzwerken, die sich mit der Herstellung, der Entwicklung und der aufwendigen Fertigungskontrolle dieser Produkte befassen.
Die schon seit vielen Jahrhunderten geschätzten Eigenschaften des Emails, welche die Kunstgegenstände so wertvoll machten, nämlich die Möglichkeit der Farbgebung, der Oberflächenglanz und die Dauerhaftigkeit der Oberflächenbeschichtung waren sicherlich maßgebend für die Idee, diesen Überzug auch an Gegenständen oder Gefäßen, die aus Eisen gefertigt waren, aufzubringen.
Es kam aber sicher noch ein Gesichtspunkt hinzu. Eisen ist ein unedles Metall und unterliegt der Korrosion, der Verrottung durch Rostbildung. So war es naheliegend, daß das Email außer zur farblichen Gestaltung nun auch als Korrosionsschutz eingesetzt wurde. Email war

(weiter auf Seite 51)

Zwei Seiten aus dem Katalog der Gebrüder Götz, Hersteller von Maschinen für die Fabrikation von Blechwaren (um 1920).

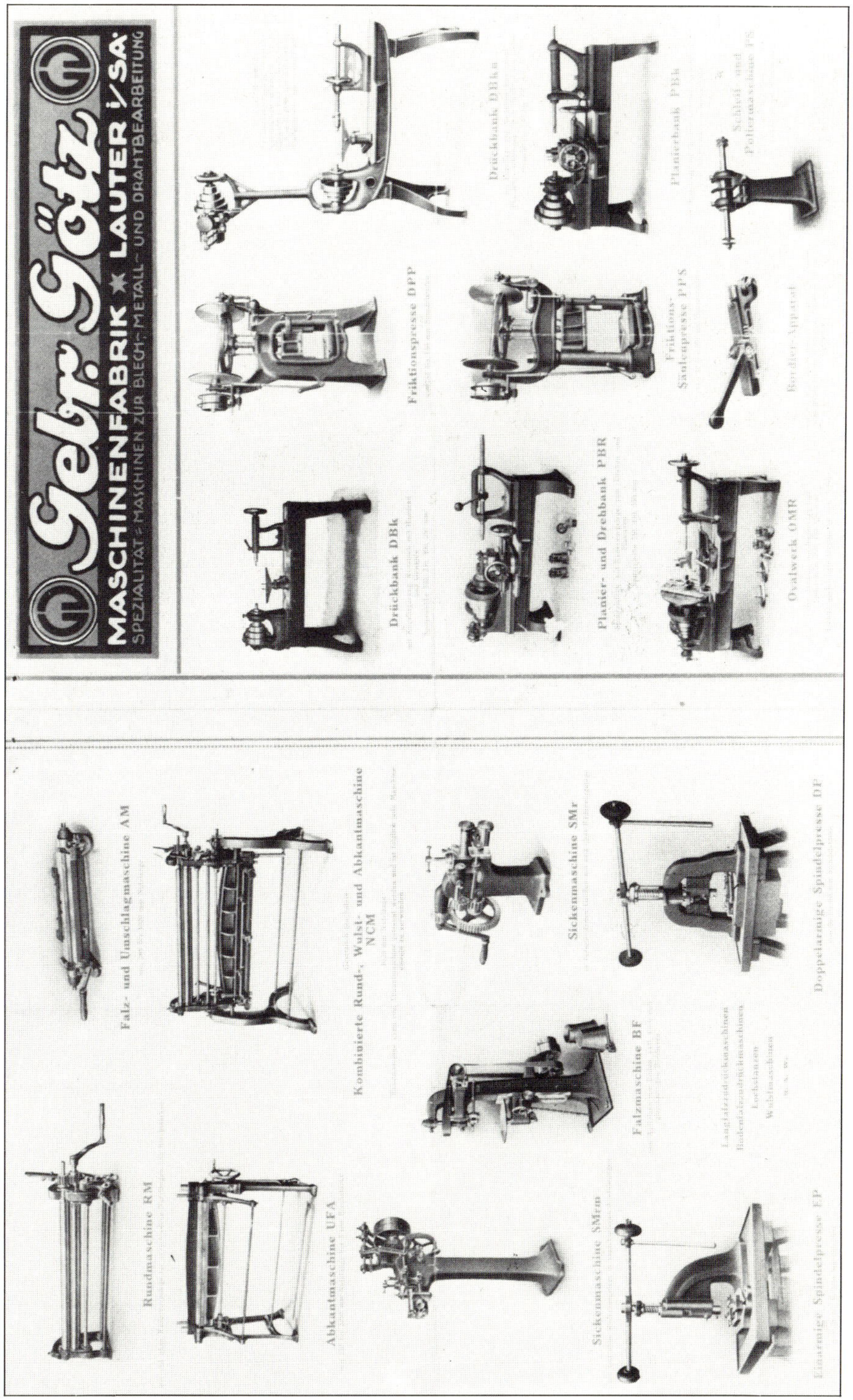

Vollmilch-Topf, weiß mit dunkelblauer Beschriftung, für Großküchen (H 27 cm, Ø 44 cm). Bergbau- und Industriemuseum, Theuern.

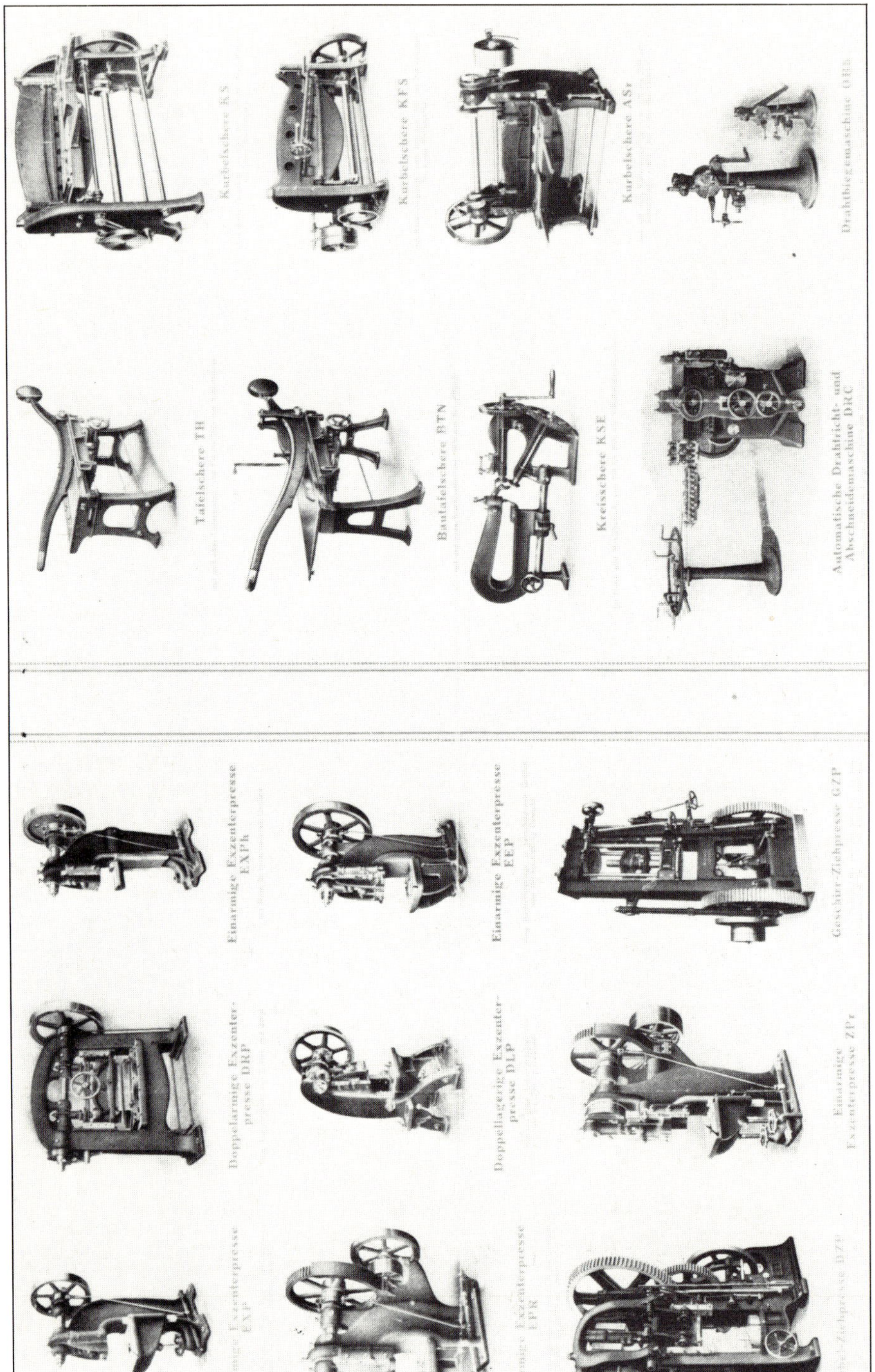

Vergrößerung der Malerei auf der gelben Wanne der nachfolgenden Farbtafel. >

< *Katalogseiten der Gebrüder Götz, Hersteller von Maschinen für die Fabrikation von Blechwaren (um 1920).*

< *Fünf verschiedene Gegenstände, die vermutlich in Frankreich hergestellt wurden. Die handgemalten Dekorationen ähneln einander. Es handelt sich um die damals so beliebten Röschen, Stiefmütterchen und Vergißmeinnicht. Die dick aufgetragene Emailfarbe fühlt sich reliefartig an. Durchmesser der Wanne, am oberen Rand gemessen: 35 x 30 cm. Vorratsbüchse: H 18 cm, Ø 12 cm.*

Katalogseite mit reicher Mustervielfalt, anno 1903, Baumann, Amberg.

Eine Vase, außen vielfarbig, innen weiß emailliert (H 16 cm, Ø 12 cm). Bergbau- und Industriemuseum.

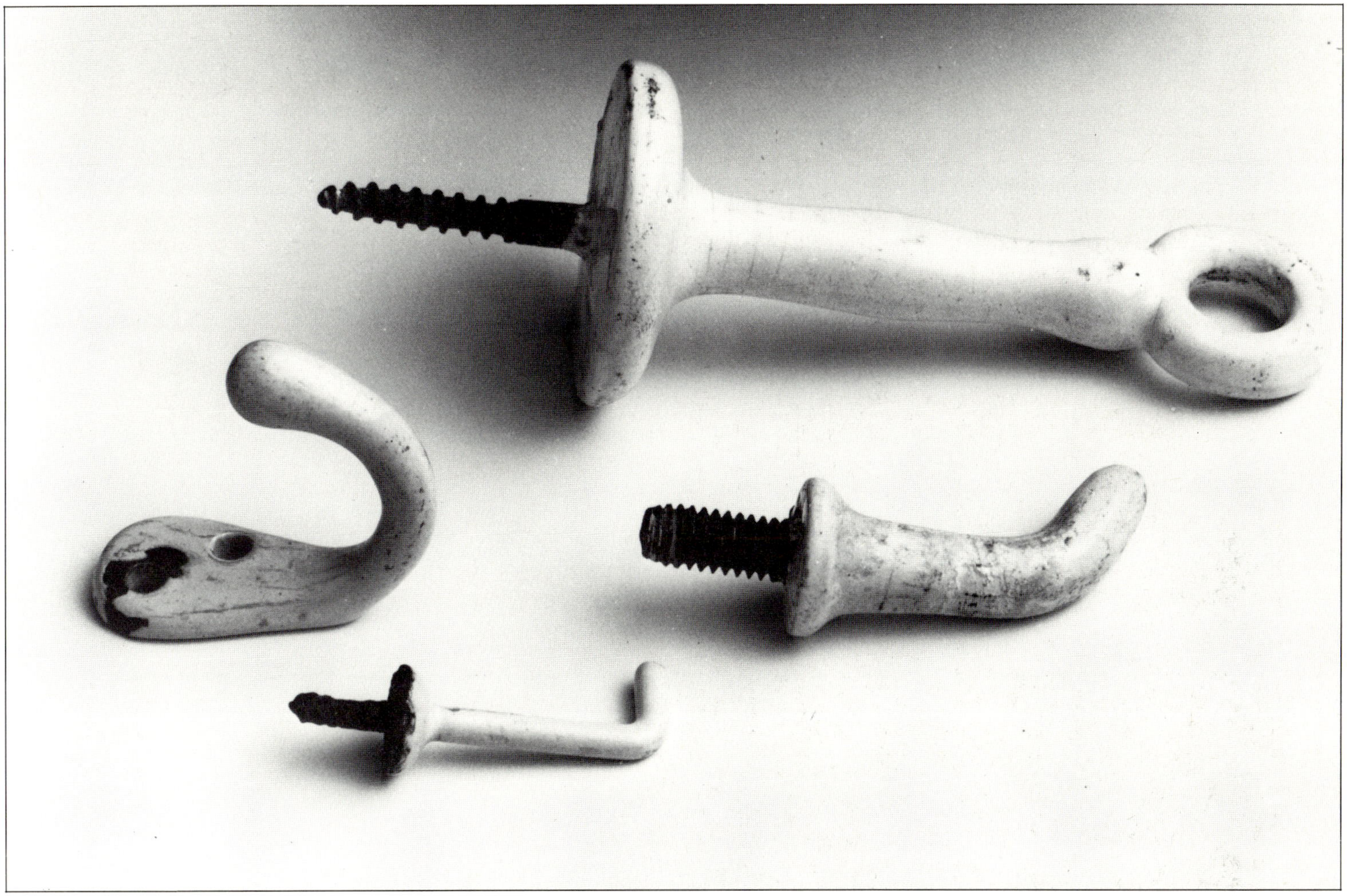

Haken für Haushalt und Küche, weiß emailliertes Gußeisen. Länge des vordersten Hakens: 3,5 cm. Die hintere Platte dient als Gleitschutz für eine WC-Kette.

aber auch der einzige beständige Oberflächenschutz, mit dem eiserne Gefäße einer Temperaturbeanspruchung unterworfen werden konnten.
Stetig wurden die Eigenschaften des Emails verbessert und weiterentwickelt. So lernte man die Ausdehnung des Emails den eisernen Gegenständen anzupassen und durch Aufrauhung des Metalls die Haftung des Emails zu verbessern. Ende des vergangenen Jahrhunderts wurde die Bedeutung der Haftoxide Kobalt und Nickel erkannt, die es ermöglichten, daß aus dem System Eisen/Glas ein untrennbarer Verbundstoff entstand. Die restlose Deutung dieser empirischen Vorgänge konnte allerdings erst in den dreißiger Jahren dieses Jahrhunderts erfolgen.
Die konventionelle Emaillierung war und ist zweischichtig. Das

Grundemail als erste eingebrannte Schicht enthält die Oxide des Kobalts und des Nickels, die für die Haftungsreaktion notwendig sind. Auf das grundierte Werkstück wird in einem zweiten Brand das Deckemail aufgebracht, welches dem Gegenstand Farbe, eine bestimmte Oberfläche und die gewünschten chemisch-physikalischen Eigenschaften verleiht.
In den letzten Jahrzehnten gewann die Direktweißemaillierung immer mehr an Bedeutung. Die Haftreaktion bei diesem Verfahren ist abhängig von der Vernickelung der Bleche, beruht aber grundsätzlich auf ähnlichen chemischen Umsetzungen.
Ökonomische Gesichtspunkte waren der Anreiz für diese Entwicklung, aber auch das Bestreben, die Schichtdicke des Emailüberzuges zu verringern um so die Beschädigungsgefahr der Emailschicht durch Schlag oder Verbiegung zu verringern. Die Flexibilität eines Glases ist abhängig von der Schichtstärke. Je dünner das Glas oder die Emailschicht ist, desto widerstandsfähiger werden sie gegenüber Schlag und Verformung.
Wie man aus den Adressbüchern der europäischen Emaillier- und Stanzwerke entnehmen kann, verteilte sich die Anzahl der Betriebe im Jahre 1929 auf die einzelnen Länder wie folgt*):

Belgien	14	(i. J. 1937 lag die Zahl noch wesentlich höher, während heute kein einziger Betrieb mehr emailliertes Küchengeschirr produziert)
Dänemark	8	
Deutschland	330	(i. J. 1933 waren es 352 Betriebe, von denen 132 Firmen emailliertes Küchengeschirr herstellten)
Finnland	2	
Frankreich	85	
Großbritannien	75	
Holland	11	

*) mit der Einschränkung allerdings, daß nur ein Teil dieser Betriebe emailliertes Küchengeschirr herstellte.

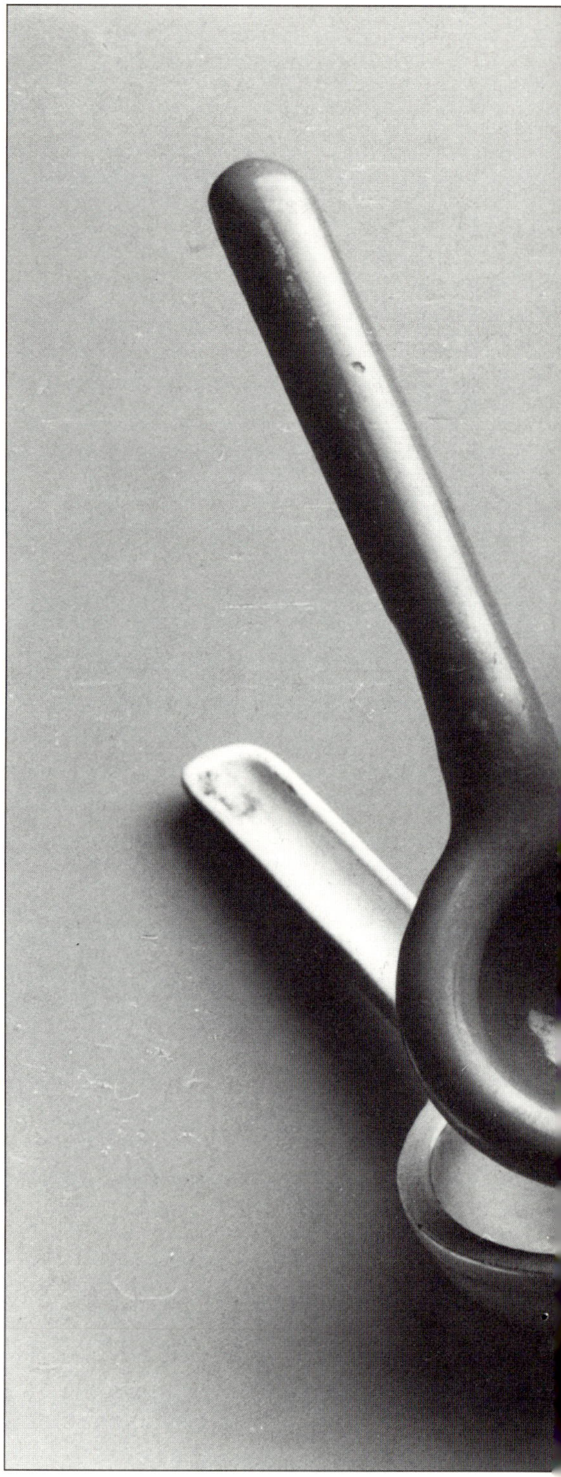

Zwei gußeiserne Zitronenpressen und eine Fleischpresse aus Frankreich (Gesamtlänge 23 cm). Die Farben von links: lavendelblau, weiß und schwarz. Innen sind alle drei Pressen weiß. Hersteller unbekannt. Goltziusmuseum, Venlo.

Entwickelung der Fabrik:
Gründung des Geschäftes 1735,
Verlegung nach Amberg 1864/65,
Erbauung des ersten Theiles der neuen
Fabrik 1872 für 50 Arbeiter.
1896:
Grösstes Stanz-und Emaillirwerk,
Fabrikate anerkannt die besten des Weltmarktes,
Arbeiterzahl 1950,
Ueberbaute Grundfläche:
41400 Quadratmeter Fabrikgebäude,
8000 Quadratmeter Wohngebäude
mit Arbeiterwohnhäusern,
Umfangreiche Neubauten in Ausführung begriffen,
Export nach allen Welttheilen,
Tägliche Produktion zirka 37000 fertige Geschirre,
Stanzwerkzeuge zu zirka 10000 Gegenständen,
Jährlicher Verbrauch an Stahlblechen zirka
2,500000 Kilo,
Eisenbahnverkehr auf den Fabrikgeleisen
zirka 3400 Waggon jährlich,
Leuchtgasfabrik für 1800 Flammen,
Elektrische Beleuchtungsanlage mit 20 Bogenlampen,
Eigenes Sägewerk und Holzwollefabrik,
Arbeiterwohnungen für 230 Familien,
Kleinkinderschule,
Gesellschaftsräume für Arbeitervereine,
Krankenkasse, Sterbekasse, Unterstützungsfonds.
Einrichtung der Fabrik:
4 Dampfmaschinen mit zusammen 950 Pferdekräften,
12 grosse Geschirr-Ziehpressen,
5 Schwungradpressen für Kraftbetrieb,
20 Excenterpressen,
72 Planirbänke,
2 Ovalplanir-und Drehbänke,
ca 150 Hilfsmaschinen zur Blechbearbeitung,
55 Email-und Glasurmühlen,
2 Glasur-Brechmaschinen,
28 grosse Email-Brennöfen mit
Generator-Gasfeuerung,
5 Emailschmelzöfen,
2 Dampfhämmer,
2 Schmiedepressen,
8 Drehbänke,
26 Specialmaschinen zur Werkzeugfabrikation,
3 Vollgatter,
5 Kreis-und Pendelsägen,
3 Hobelmaschinen,
1 Fourniermaschine,
3 Holzwollemaschinen.

Oben: gußeiserner Kohlenkasten, sehr helles Blau, weiß gewolkt, nur außen emailliert. Seitenlänge incl. Griffe: 43 cm. Goltziusmuseum, Venlo.

Links: zwei Email-Schilder der Firma Baumann. Bergbau- und Industriemuseum, Theuern.

Italien	11	Sowjetrußland	7
Jugoslawien	3	Spanien	8
Luxemburg	1	Tschechoslowakei	51
Norwegen	1	Türkei	1
Österreich	25	Ungarn	4
Polen	23**)		
Portugal	1		
Rumänien	4		
Schweden	8		
Schweiz	3		

**) Die Emailgeschirrfabrik in Olkusz produziert übrigens noch heute. Wir kennen z. B. die fröhlichen Artikel in rot und himmelblau, die mit weißen Gänsen verziert sind.

Hat man sich hinreichend mit den Fest- und Jubiläumsschriften der einzelnen Emailfabriken beschäftigt, so verdichtet sich die Summe der vielen Einzelschicksale zu einem Gesamtbild. Übereinstimmungen werden deutlich, beginnend bei den Berufen der Firmengründer bis hin zu den Auswirkungen der politischen und wirtschaftlichen Zeitläufe.
Der Dauererfolg hing natürlich seit eh und je von der Unternehmerpersönlichkeit ab, ihrem Einsatz, Durchhaltevermögen, Spürsinn und Unternehmungsgeist, dann aber auch von den äußeren Umständen. Alle mußten in gleicher Weise mit Rückschlägen und Krisen fertig werden.
Für den Anfang dieser Firmen findet man immer wieder drei typische Entwicklungen: Entweder beginnt die Gründungsgeschichte mit einer Schmiede samt Hammerwerk, oder es handelt sich zunächst um einen Herstellungsbetrieb für verzinnte oder verzinkte Blechwaren, oder drittens, der Emaillierbetrieb entwickelt sich aus einer Hütte und Eisengießerei (wenn auch diese letzteren Firmen weniger mit unserem speziellen Thema zu tun haben).
Bei all diesen Firmen aber, die sich nach einer langen Geschichte bis auf den heutigen Tag gehalten haben, stützt sich heute die Produktion vor allem auf emailliertes, für Elektro- und Gasherde geeignetes Stahlgeschirr.
An dieser Stelle möchte ich etwas näher auf ein Beispiel der ersten Gruppe eingehen, ursprünglich eine Hammerschmiede, deren Inhaber wohl nicht im Traum daran gedacht hätten, daß ihre Fabrikate eines Tages zu Sammlerobjekten werden könnten.
Die Familie Riess aus Steyr/Österreich kam um das Jahr 1800 in den Besitz eines Pfannenhammers, dessen Betrieb schon im 16. Jahrhundert nachgewiesen werden kann. Diese Familie hatte schon im Jahre 1616 in Steyr eine Kupfer- und Pfannenschmiede besessen. Jahrhundertelang hatte man dort Töpfe, Pfannen und Kochkessel unter schweren Hämmern einzeln getrieben. Lange Zeit genügten den Hausfrauen die schwarzen Fußpfannen, die in den primitiven Rauchküchen auf offener Herdstelle standen, und die schweren Wasser- und Suppenkessel, die an einem Haken über dem Feuer hingen. Einer Jubiläumsschrift entnommen ist die interessante Schilderung des Arbeitsablaufs bei der Herstellung von Kochtöpfen und Pfannen in dieser österreichischen Fabrik, wie sie übrigens unverändert noch bis zum Jahre 1900 praktiziert wurde. Im eigenen Betrieb wurde zunächst das Roheisen zu Stangeneisen verarbeitet und dann im Pfannenhammerwerk zu runden Platten vorgeschmiedet. Diese Platten waren noch beträchtlich dick und wurden in Bündeln auf 1½ – 2 mm Blechstärke ausgehämmert. Diese für damalige Verhältnisse dünnen Bleche wurden nochmals rundgeschnitten und zu einem Dutzend gebündelt. Das äußere Blech,

Kochtopf mit Deckel aus einem mehrteiligen Satz. Die Griffe sind als abgeplattete Hohlröhren ausgeführt und angeschweißt. Das wunderschöne Jugendstildekor wurde zuerst mit Fettstift durchgepaust und dann aus freier Hand dick aufgetragen. Zuletzt wurde die Goldfarbenschattierung aufgebracht.

Allumettes

< *Gruppe von weißem dekoriertem Küchengeschirr. Im Gegensatz zur Handbemalung handelt es sich hier um mechanische Reproduktionen des Ornaments, die aber noch ein gutes Maß an Erfahrung und Geschicklichkeit erforderten.*
Bei der Kaffeekanne im Hintergrund wurde das Dekor mittels mehrerer Schablonen aufgebracht und jeweils gespritzt. Mit den Farbüberlagerungen erzielte man einen Tiefeneffekt. Das ovale Brotkörbchen (L 28 cm) ist in gleicher Weise dekoriert. Bei dem zum Aufhängen bestimmten Streichholzbehälter verwandte man für die Verzierung eine Schablone und eine weitere für die Schrift.
Beim Brand sind auf der Deckeloberfläche Sandkörner mitgebacken – sie dienten als Reibfläche! Das Dekor wurde übrigens durch die Schablonen mit einem Fettstift übertragen und mit Emailpuder dick bestäubt. Bei der Suppenterrine ist das Motiv im Abziehbildverfahren aufgedruckt, genauso bei der Stielpfanne. Bei letzterer kombiniert mit Streifen im Schablonenverfahren.

Eine Seite aus dem Katalog der Firma Erdmann Kircheis aus Aue im Erzgebirge, anno 1922. >

das einen größeren Durchmesser hatte, wurde zum Einpacken der restlichen Bleche benützt. Man streute ein Pulver zwischen die einzelnen Platten, um ein Zusammenschweißen bei der Triebarbeit zu verhindern. Solche Blechpakete wurden in glühendem Zustand zu Rohformen der Pfannen und Kessel getrieben. Dazu waren oft mehrere Arbeitsgänge erforderlich. Sodann wurde das äußere, das »Überblech« gelöst. Auch die innere Pfanne war in der Regel durch die Trieb-

Petroleum-Öfchen, vernickeltes, guß-eisernes Gestell mit weiß emaillierten Eisenblechteilen, verziert mit blauen Blumen im Steindruckverfahren (Gesamthöhe 25 cm, ⌀ des oberen Ringes 25 cm). Das Öfchen besteht aus 6 Teilen. Hersteller: H. Kock, Hamburg. Links: die Seitenansicht in geschlossenem Zustand.

arbeit unbrauchbar geworden. Übrig blieben zur Weiterverarbeitung 10 Stücke, die dann im Kaltverfahren blank gehämmert wurden. Die Ränder wurden glatt geschnitten. Handelte es sich um Pfannen, so wurden sie mit Füßen und Stiel, die Kessel wurden mit Bügeln versehen und diese Artikel in aller Herren Länder verschickt.
Gemessen an den damaligen Verkehrsverhältnissen war das Absatzgebiet gewaltig. Die Ware aus Ybbsitz wurde in einem Gebiet verkauft,

das von Frankfurt über Hamburg, Böhmen, Mähren, Schlesien bis Triest und Venedig reichte. Händler brachten diese Ware nach Preußen, in die Ostseeprovinzen, nach Polen und Rußland und auf der Donau über Pest bis in die Länder des Orients. Im Vergleich zu dem, was in späteren Zeiten von den Kochgeschirrlieferanten angeboten wurde, war freilich damals das Angebot noch sehr begrenzt. Es gab gefußte und ungefußte Pfannen, Töpfe und Kessel, Reibeisen und Deckel.

Im Lauf der Zeit, anfangs des 18. Jahrhunders wurde der Rennfeuerbetrieb durch Holzkohlen- später durch Kokshochöfen abgelöst. Das

Tischwaage für den Haushalt, Fuß weiß emailliert mit blauem Dekor, Schale weiß mit blauem Rand.

Maße des Fußes: L 34 cm, B 8,5 cm, H 6 cm. Ein typisches Beispiel für zusammengesetzte Geräte.

kohlenstoffreiche Roheisen mußte gefrischt, d. h. entkohlt werden, um ein verformbares Stahleisen zu erhalten.*)

*) Wer sich auf diesem Gebiet etwas genauer unterrichten möchte, einschließlich der technischen Fachausdrücke, dem sei das Nachschlagen in einem alten Lexikon empfohlen. Am besten fand ich die Informationen über Sir Bessemer, einen Engländer, natürlich in einem englischen Nachschlagewerk: »Everymans library«. Aber auch unter dem Stichwort Eisen sollte man nachlesen und sich von diesem Element und seiner Vielfalt überraschen lassen.

Untersetzer, hellblau emailliertes Gußeisen (Ø 21 cm).

Rechts: Teekanne, blau-weiß marmoriert. Der Henkel besteht aus einem Blechstreifen mit Rillen und ist mit einem Scharnier befestigt. Die Tülle ist aufgeschweißt (H 18 cm, Ø 16 cm), Goltziusmuseum Venlo.

Die besagte Pfannenschmiede hielt sich noch bis zum Jahre 1900, aber das Maschinenzeitalter war längst angebrochen. Ziehpressen und Blechbearbeitungsmaschinen wurden angeschafft, Pfannen und Kessel aus blankem Stahlblech gepreßt und die Innenseiten fein geschliffen. So stellte man auch Polentakessel für Italien her und serbische Pfannen für den Balkan. Im ersten Weltkrieg war das Stahlblechgeschirr ein beliebter Ersatz für die requirierten Kupferkessel, aber der Export ging in diesen Kriegszeiten automatisch zurück, man mußte dem Inlandsmarkt Neues bieten, wenn man überleben wollte. Die Ära des blanken Stahlgeschirrs ging zu Ende und so stellte man sich um auf die Produktion von Emailgeschirr.
Diese typische Firmengeschichte läßt aber auch neben den Stufen des technischen Fortschritts eine Stück Sozialgeschichte sichtbar werden, wenn man sich nur mit ein wenig Fantasie der Menschen erinnert, deren Geschicke mit dieser Entwicklung untrennbar verbunden waren. Auch in diesen Betrieben machten ja Menschen Dinge für Menschen, wenn das auch bei der Geschichte des Eisen- und Stahlgeschirrs nicht so ins Auge springt wie bei der Herstellung von Kochlöffeln und Quir-

len aus einem Stück Lindenholz. Die Geschichte der Herstellung von eisernen und stählernen Töpfen und Geräten für den Haushalt ist ein Teil des Übergangs vom Handwerk zur Industrialisierung mit all ihren Vorteilen und, wie wir heute wissen, auch Nachteilen für den Arbeiter und den Konsumenten.
Es war ein weiter Weg vom Eisentopf bis zum hochwertigen Elektrotopf und dem emaillierten Stahlgeschirr, unter dessen Beschichtung das Eisen so kunstvoll versteckt wurde.
Die Schmieden und Eisenhämmer waren an Flußläufen zu finden, weil sie für den Antrieb von Hämmern und Blasebälgen auf Wasserkraft angewiesen waren.
Ähnliches gilt für die alten Eisengießereien. Die Gießereien entstanden natürlich dort, wo der Rohstoff Eisenerz gefunden wurde, wie wir dies an der Entstehungsgeschichte der Holländisch-Deutschen Eisengießerei zu Ulft studieren können.
An diesem Beispiel zeigt sich die eingangs erwähnte Zähigkeit und Ausdauer der Firmengründer, aber auch ihre unglückseligen menschlichen Schwächen.
Die Jubiläumsschrift, in der nüchtern auch über dieses menschliche Versagen berichtet wird - meistens zu Lasten der Arbeiter, die hier ihren Lebensunterhalt verdienen mußten -, entstand zu einem Zeitpunkt, an dem die nunmehr holländische Firma ihren Höhepunkt erlebte. Die Artikel der DRU waren inzwischen in aller Welt konkurrenzfähig und in Holland geradezu zu einem Qualitätsbegriff geworden, wobei das Nationalgefühl, wie aus zahllosen Veröffentlichungen für die Jugend hervorgeht, seinen werbewirksamen Anteil hatte.
Welch ein Kontrast zu den Anfangsjahren! Schon der Standort war nicht gut gewählt. Die Besitzer wechselten in schneller Folge und leicht vergißt man ihre Namen, während man das Schicksal der Abhängigen nur mit Anteilnahme zur Kenntnis nehmen kann: War der Wasserstand unzureichend, so blieben die Wasserräder und Blasebälge stehen und die Feuer erloschen. Unerwartet sahen sich dann, wenn auch die Tretmühlen und der Antrieb mit Pferden nicht ausreichten, die Arbeiter in ihrer Existenz bedroht.

Und wie sah es bei den Unternehmern aus?
Die Betriebsgeschichte erzählt von einem Grafen Johann Baptist van den Bergh und Hohenzollern, der mit drei anderen Notabeln auf dem alten Molenbach in Ulft eine Eisenhütte errichtete. Sie bestand aus einem Ofen, der mit dem in der Gegend vorkommenden Eisenstein und Holzkohle beschickt wurde. Eine Wassermühle trieb zwei Blasebälge an.

(weiter auf Seite 73)

Verschiedene Gegenstände für den täglichen Gebrauch. Die verschiedenartigen Musterungen entstanden dadurch, daß nach dem ersten Brand der Grundfarbe dünne Emailfarbe aufgespritzt wurde.
Mitte hinten: eine bombierte Milchkanne mit Deckel, 25 cm hoch, Herkunft unbekannt. Rechts eine Feldflasche mit Bügel und Porzellanverschluß mit Gummiring. Bei der Herstellung des Untersetzers wurden spezielle Lochstanzmaschinen verwendet. Herkunft unbekannt. Die Kaffeekanne hinten links zeigt herstellungstechnisch die denkbar einfachste Form, nämlich den konischen Körper mit aufliegendem Deckel. Auch die Tülle ist eine konische Röhre. Die kleine Milchkanne in der Mitte ist alt und hat einen gußeisernen Deckelknopf in Eichelform und um den Bauch einen Stoßwulst. Vorne steht ein Trinkbecher, daneben ein kleiner Wasserkessel (im Baumann-Katalog als »Rheinische Form« geführt).
Das Kesselmaß zur Orientierung: H 12 cm, Bodendurchmesser 14,5 cm.

Couteaux

< *Ovaler Henkeleimer, ein sog. Messerspüler, der beim Abräumen des Tafelbestecks benutzt wurde. Auf dem Boden lag eine auswechselbare Korkscheibe. Die französische Beschriftung wurde aufgedruckt (Höhe in der Mitte ohne Henkel 22,5 cm).*

Ausschnitt einer Seite aus der Preisliste der Blechwarenfabrik der Gebrüder Baumann aus dem 19. Jahrhundert. >

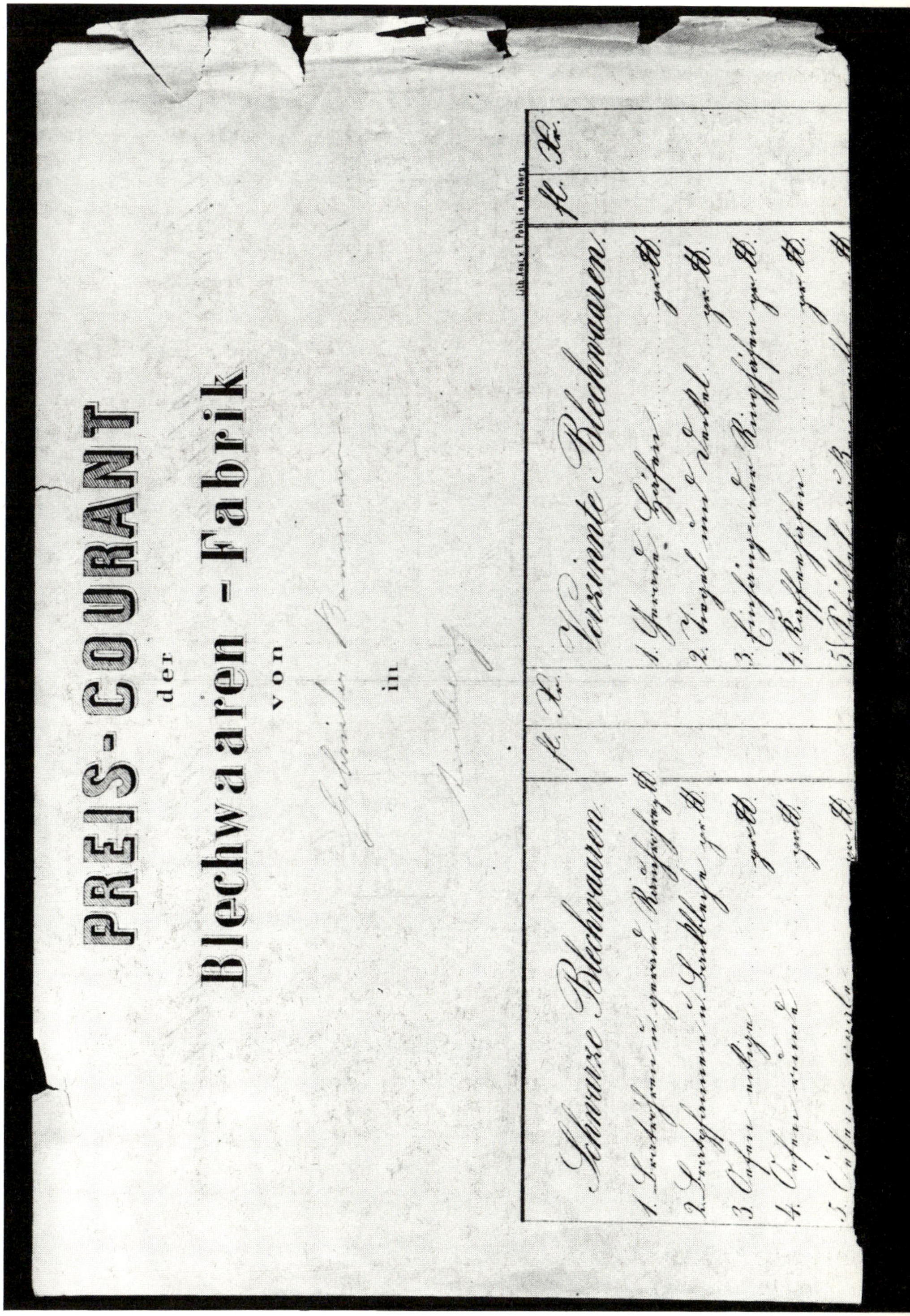
PREIS-COURANT
der
Blechwaaren - Fabrik
von
in

Schwarze Blechwaaren.

Verzinnte Blechwaaren.

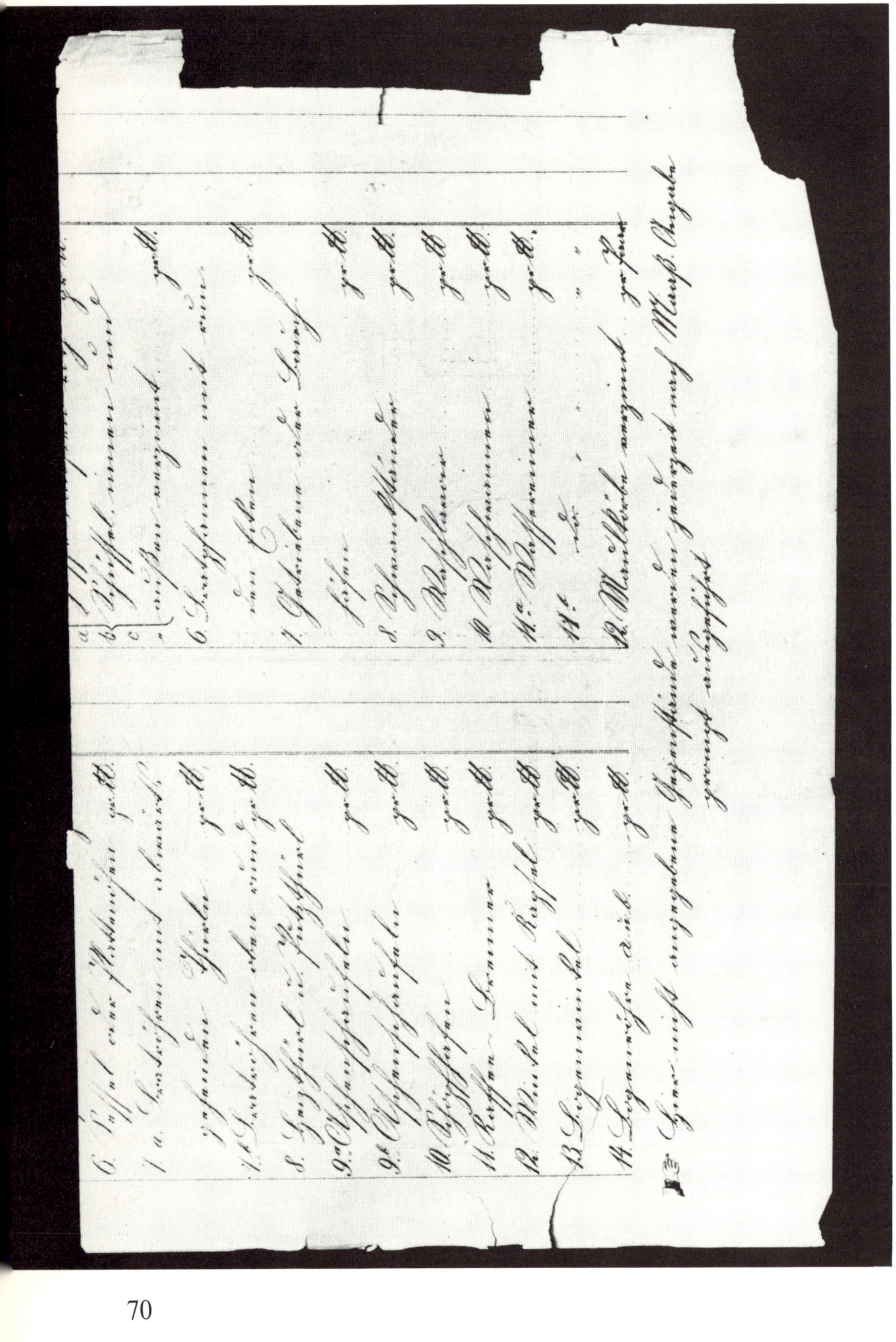

Ausschnitt einer weiteren Seite aus der Preisliste der Blechwarenfabrik der Gebrüder Baumann aus dem 19. Jahrhundert. Rechts: die dazu gehörenden Abbildungen.

Unten: zwei emaillierte Löffel. Der kleinere ist grau-weiß gewolkt, der größere hellblau-weiß gesprenkelt, 30 cm lang und neu.

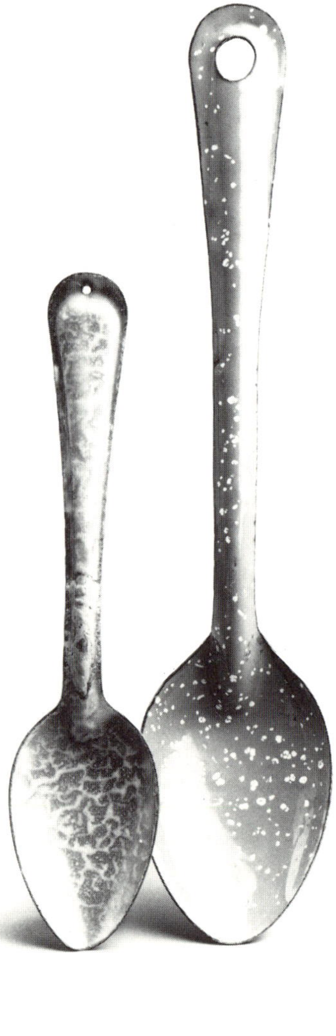

Schwarze Blechwaaren.
Verzinnte Blechwaaren.

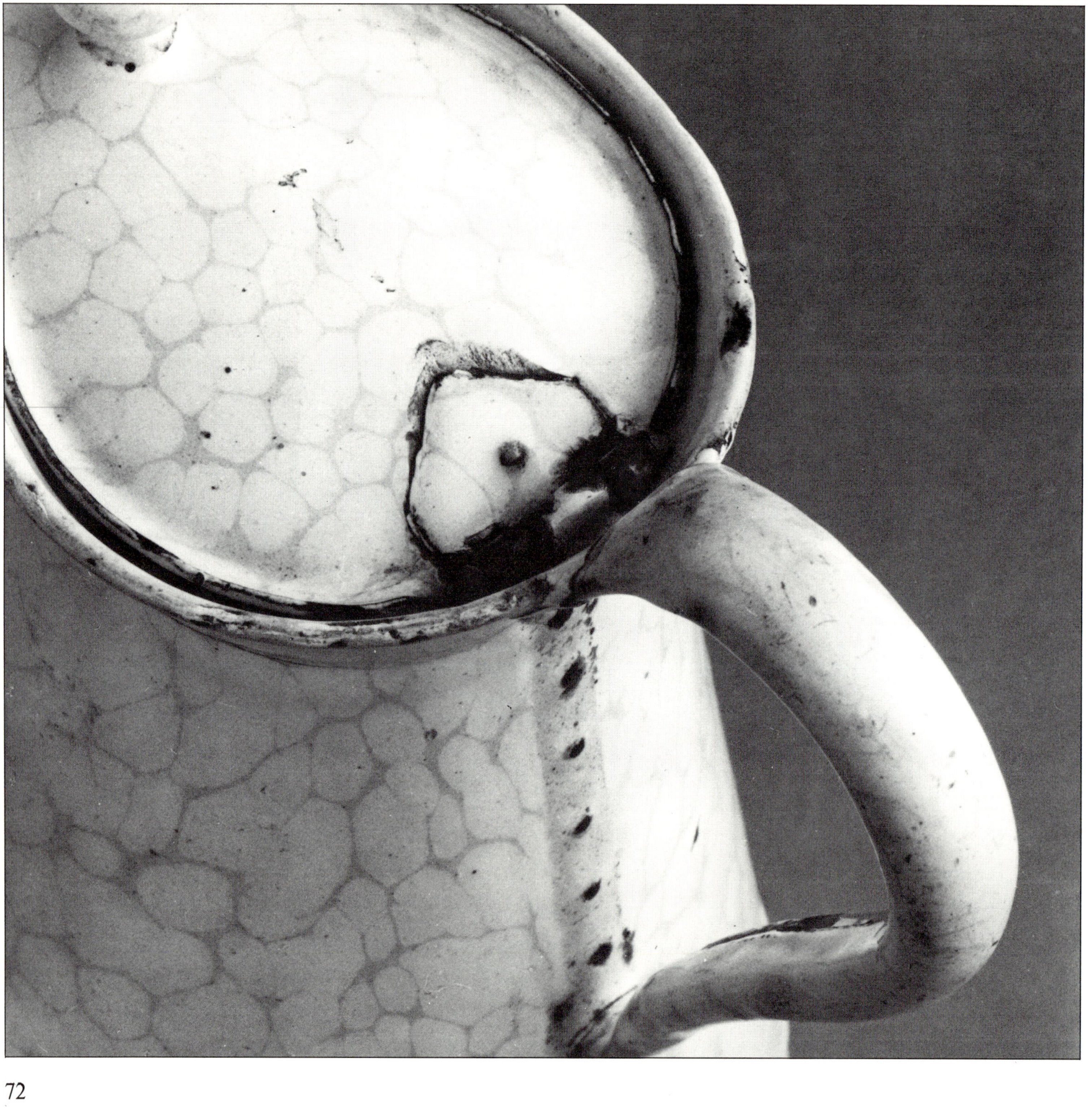

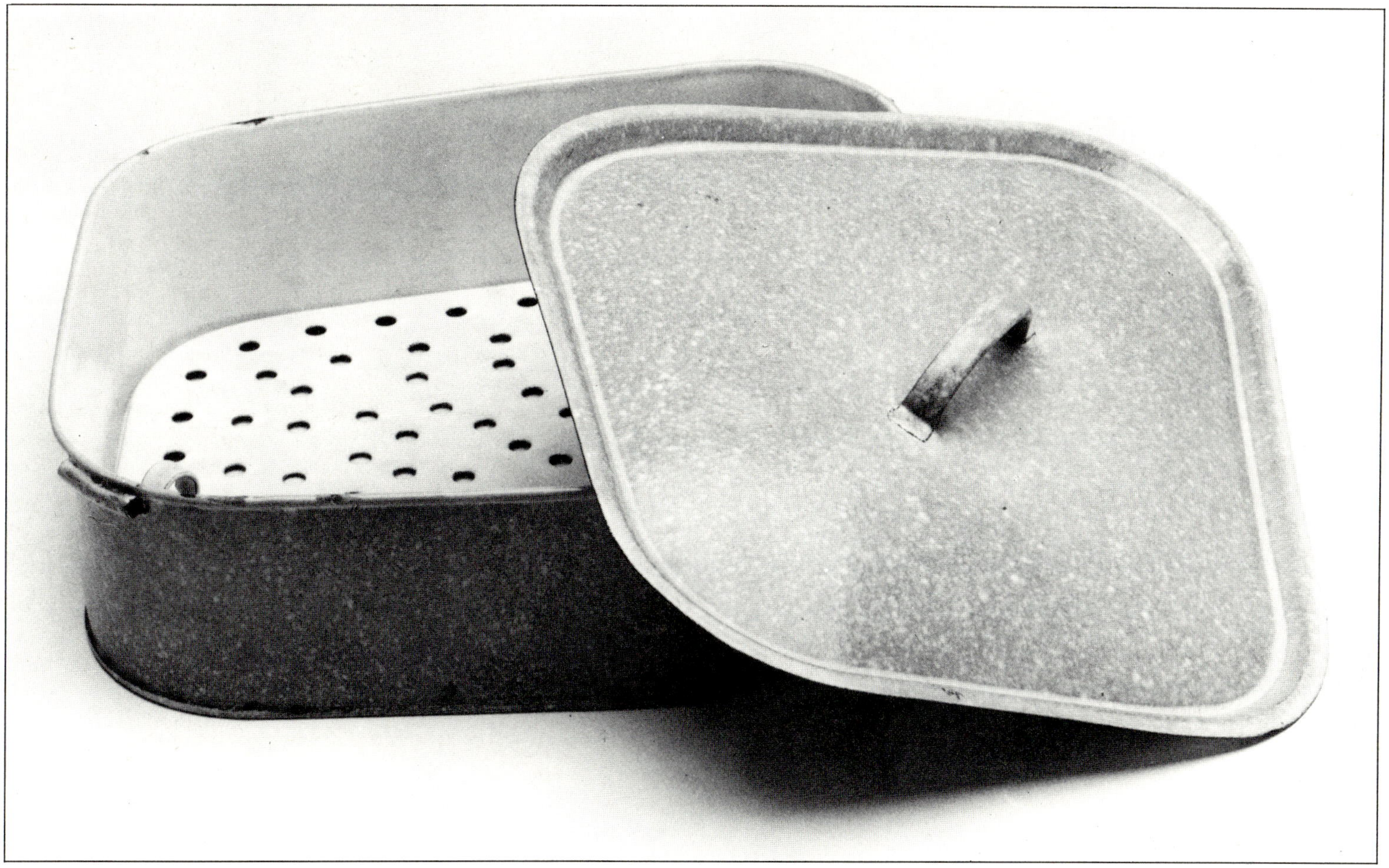

Alte rautenförmige Heilbuttpfanne, außen grau-weiß gesprenkelt (Granit), innen weiß emailliert (L 50 cm, B 43 cm, H 12 cm). Gefalzter Boden und herausnehmbarer, durchlöcherter Einsatz.

< *Detail einer Wasserkanne. Der konische Körper und das Deckelscharnier sind genietet. Deckelknopf und Griff sind angeschweißt. Goltziusmuseum, Venlo.*

In den darauffolgenden Jahren aber wurde der Graf von seiner Frau unter Kuratel gestellt und landete wegen seiner Machenschaften im Gefängnis.

Offensichtlich litt der Betrieb unter diesen Vorgängen und wechselte von einer Hand zur anderen. Die Landbevölkerung ihrerseits war damals froh über das Abgraben des Eisensteins, der bisher ihre Pflüge ruiniert hatte, und feierte den Beginn einer neuen »Kampagne«, wie man damals die Zeitspanne nannte, in der das Feuer ununterbrochen brannte, weil damit eine Zeit geregelten Verdienstes anbrach. Echten Wohlstand hat das Werk aber trotzdem nicht für diese Gegend gebracht, allenfalls etwas mehr Wärme in der kalten Jahreszeit. Nicht nur die Köhler, sondern auch Arbeiter, ja sogar Bettler suchten in den kalten Monaten die Nähe des Ofens, um dort die rauhen Winternächte zu verbringen.

Während einer solchen »Kampagne«, die oft von Oktober bis April dauerte, mußte dann auch am Sonntag gearbeitet werden, damit das Feuer nicht ausging. Gut, daß die Gegend katholisch war, denn bei den holländischen Protestanten wurde die Heiligung des Sonntags sehr ernst genommen.
Solche Winterwirklichkeiten lassen uns die »gute alte Zeit« erneut mit Skepsis betrachten...
Die in Ulft gegossenen Pfannen, die Roste und Holzkohleöfchen wurden zunächst mit Kähnen auf dem Fluß nach Doesburg gebracht und von dort wurden sie dann zum Verkauf nach Amsterdam weitertransportiert.

Gußeiserner Kohlenbehälter. Der Deckel, reich verziert, ist weiß emailliert und mit einem Scharnier am Behälter befestigt (L 50 cm, B 37 cm, H 27 cm). Herkunft unbekannt.

Sehr alter gußeiserner Kochtopf, innen weiß emailliert. Die Griffe sind aus Gußeisen und mit großen Bolzen angenietet (13 cm hoch, ∅ 36 cm).

Übrigens erfahren wir in unserer Jubiläumsschrift auch von ökologisch durchaus begrüßenswerten Verordnungen: Es war verboten, auf Ackergrund nach Eisenstein zu graben. Die bei der Eisensteingewinnung entstandenen Gruben mußten wieder verfüllt werden. Man fragt sich, woher wohl in der Folgezeit die neuen Besitzer aus Bocholt den Mut zum Weitermachen nahmen. Der Optimismus war wohl nur der »neuen Zeit« zu verdanken, wo mit Koks geheizt wurde und wo Dampfkraft den unberechenbaren Antrieb durch Wasserkraft ablöste. Aber der Eisensteinvorrat war erschöpft und das Eisenerz mußte anderweitig beschafft werden, was wohl auch nicht gerade zur Rentabilität des Betriebes beitrug.

Als im Jahre 1852 eine Deutsche zusammen mit dem Geheimnis des Emaillierens gegen ein geringes Entgelt ihre Mitwirkung anbot, stellte sich noch kein Erfolg ein. Sie war nämlich Buchhalterin und hatte vom Emaillieren wohl doch zu wenig Ahnung. Auch das neue englische System eines Mr. Neilson, das man auf Veranlassung eines neuen Besitzers, des Kardinals von Diepenbrok, Fürstbischof von Breslau, einführte – es bestand darin, heiße statt kalter Luft in den Ofen einzublasen und so die Gußeisenqualität zu verbessern –, half nicht viel weiter.
Erst als in den letzten 30 Jahren des 19. Jahrhunderts die Gießerei in holländische Hände kam, ging es der Firma besser und damit auch den Arbeitern.
Doch mit einer solchen wechselvollen Firmengeschichte steht die DRU nicht allein da, weder in Holland noch in Europa.
Wie bescheiden oft die Anfänge der später erfolgreichen Firmen waren, zeigt ein Beispiel aus der frühesten Geschichte des Emaillierens von Gußgeschirr:
Im Jahre 1819 trat bei den Hüttenwerken Bodenwöhr in Ostbayern eine »Emaillieranstalt« ins Dasein, in der noch 20 Jahre später, im Jahre 1839, ganze zwei Mann mit der Herstellung von Emailgeschirr beschäftigt waren. Sie erzeugten im Jahr etwa 4500 Stück, die Tagesproduktion einer Firma unserer Tage.
Erst unserer Zeit blieb es vorbehalten, daß diesen zähen und ausdauernden Pionieren ein Denkmal gesetzt wurde: Seit es die »Industrial Archaeology« gibt, hat sich das allgemeine Interesse der Produktion dieser alten Gießereien, den ornamentierten Brückenpfeilern, den gußeisernen Pfeilern alter Bahnhöfe, den Straßenlaternen, eisernen Pforten und Gittern und den alten gußeisernen Töpfen zugewandt.
Im Jahr 1985 feiert das Emailgeschirr seinen 200. Geburtstag. Anno 1785 hatte zum ersten Mal ein findiger Kopf gußeiserne Kessel und Pfannen, zunächst nur auf der Innenseite, mit Email überzogen. Aber erst als mit dem Bessemer- und Siemens-Martin-Verfahren eine bessere und billigere Herstellung von Stahlblech möglich geworden war, kam der große Aufschwung für das Emailgeschirr. Daran hatte auch die 1846 von dem Franzosen Japy erfundene Ziehpresse ihren gewichtigen Anteil. Jetzt erst konnte der Massenbedarf an Küchengeschirr und vielen anderen Emailgegenständen befriedigt werden.
Das führt uns zur dritten Gruppe der Firmengründer auf dem Gebiet der Emailindustrie: den Spenglern und Klempnern. Das gilt beispielsweise auch für die Firma Baumann in Amberg, die nachweislich seit über 250 Jahren als Familienbetrieb im Metallhandwerk tätig ist.
An alten Erzeugnissen dieser Firma aus dem 19. Jahrhundert kann man deutlich sehen, daß sie zwar z. T. mechanisch hergestellt wurden, daß

Kleiner gußeiserner Kochherd für Kohle mit eingesetzten emaillierten Platten. Ein Kinderherd, aber auch für die Kombüsen kleiner Flußschiffe und für Wohnwagen geeignet. Die Türen sind aus emailliertem Eisenblech. Die aufgedruckten, mehrfarbigen Blumenmuster wurden mit Emailpuder bestäubt. Füße, Knopfgriffe und Schutzstange sind vernickelt. (L ohne Stange 50 cm, H incl. Füße 46,5 cm). Herkunft unbekannt. Die beiden Kochtöpfe auf der Herdplatte wurden in Frankreich entdeckt, können aber auch aus einem anderen Lande stammen. Auf der Basisfarbe seegrün, bzw. hellblau wurde das jeweilige Dekor von Hand dick aufgetragen. Die Hohlgriffe sind angenietet.

Der französische holzbefeuerte Ofen besteht aus einem gußeisernen Rahmengestell auf gußeisernen Füßen. In dieses dunkelgrün emaillierte Gestell sind weiß emaillierte Eisenblechfüllungen eingesetzt, die ein handgemaltes Rosendekor schmückt. Das Brennholz schob man durch eine seitliche Türöffnung ins Ofeninnere.
Die Herdplatte mit zwei Kochstellen ist mit einem gußeisernen emaillierten Deckel abgedeckt, der ebenfalls zwei weiß emaillierte und bemalte Blechfüllungen aufweist. Herkunft: Frankreich. Emailplatten und Gußherd stammen wahrscheinlich aus zwei verschiedenen Fabrikationen (L 51 cm, B 29 cm, H 51 cm).

aber die Maschinen Handarbeit imitierten. Die Gefäße wurden aus mehreren Stücken zusammengefalzt und genietet. Die Körper und Böden, Tüllen, Henkel und Griffe wurden weitgehend von Hand zusammengefügt.
Der Spenglermeister Christian Baumann kam i. J. 1864 von Wunsiedel nach Amberg und produzierte zunächst verzinktes und verzinntes Blechgeschirr. Nicht lange darauf, nachdem man sich sehr mühevoll die dazu nötigen Informationen verschafft hatte, ging man an die Herstellung von emailliertem Blechgeschirr. Das war der Beginn für ein blühendes und weit über die Grenzen Deutschlands geschätztes Unternehmen. Der erste Rückschlag kam dann, wie für die Konkurrenz so auch für diesen Betrieb, mit dem ersten Weltkrieg. Das Unternehmen hat sich aber, trotz aller zeitbedingter Probleme, bis heute seinen guten Ruf erhalten.
Auch von einem holländischen Spengler mit Namen A. Berk weiß man, daß er nachweislich einem Instruktionsbataillon in Kampen, seinem Wohnort, im Jahre 1851 verzinntes Blechgeschirr lieferte. Die Anfangsbuchstaben des Familiennamens und des Herstellungsortes wurden dann zum Warenzeichen und zu einem Begriff für erstklassiges Küchengeschirr. Diese Fabrik produziert heute noch, wenn auch Fusionen und die Stillegung konkurrierender Betriebe den Weg dazu ebnen mußten.
Sei es nun Protektionismus oder die neue Nostalgiewelle, jedenfalls hat man dort vor ein paar Jahren wieder begonnen, das einst so beliebte »Wolkjesemail« erneut auf den Markt zu bringen, aber leider ist es teuer und düster, seines dunklen Untergrundes wegen. Zudem sind die Deckel mit Plastikknöpfen versehen, ein faux pas, den man wohl der Tatsache zuschreiben muß, daß die Firma heute, wie auch die Konkurrenz, weitgehend Haushaltsgeräte aus Plastik herstellt. Ob da die betriebliche Sparsamkeit nicht doch zu weit gegangen ist?
Zum Abschluß dieses Kapitels müssen noch ganz kurz jene Betriebe erwähnt werden, die neben wunderschönen Namensschildern, Ofenplatten und Bauelementen auch wichtige Teile für Küchengeräte und Uhren herstellen, z. B. Zifferblätter für Küchenwaagen und -uhren und emaillierte Platten für viele viele Küchenherde. Ein großer Glücksfall verschaffte den persönlichen Kontakt mit dem Seniorchef der Firma Schweizer und Söhne GmbH in Schramberg, einem profunden Kenner dieser Sparte, der mir viele Fragen beantworten konnte. Auch ermöglichte er es, einige Seiten eines früheren Firmenkatalogs seiner Firma für dieses Buch fotografieren zu können. Zifferblätter der Firma Schweizer wurden damals an viele Uhrenfabriken dieses Gebiets, geliefert. Die emaillierten Zifferblätter für Haushaltswaagen fanden ihren Weg bis nach England, wo sie bei der berühmten Firma Salter & Co. in

Westbromwich auf ihre »Domestic Scales« aufgeschraubt wurden. Auch bekannte deutsche Firmen wie die Alexanderwerke in Remscheid und Krups in Solingen bestellten ihre emaillierten Stahlblecheinzelteile bei der Firma Schweizer. Für Kohlenherde wurden mit Ornamenten und Landschaften verzierte Verkleidungen hergestellt, die dann auf die Gußteile aufgeschraubt wurden.

< *Gußeiserne Pudding- oder Kuchenform, außen blau, innen weiß emailliert (H 12,5 cm, Ø 23 cm). Herkunft unbekannt.*

Zwei gußeiserne emaillierte Rechauds. Der viereckige Rechaud ist weiß, spiritusbeheizt, der runde ist türkis und wurde auf eine Gasflamme gestellt, (Ø mit Griff 24 cm). Herkunft: Frankreich. Goltziusmuseum, Venlo. >

Gußeisernes Waffeleisen, außen reseda-grün, innen grau emailliert (H 20 cm, B 12,5 cm). Herkunft: England.

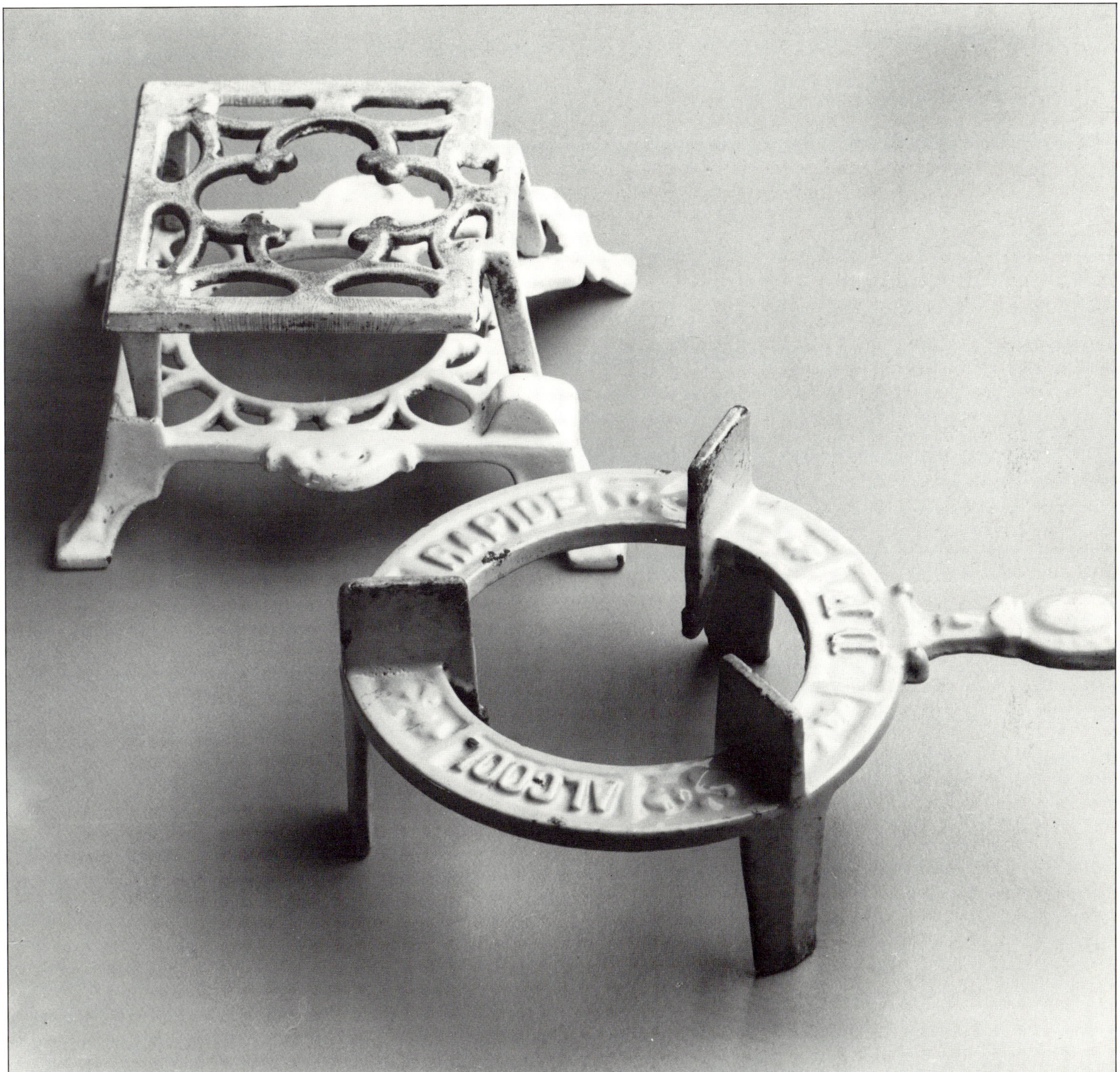

Form und Farbe

Die entscheidenden Erfindungen, die die Herstellung eines handlichen und gesundheitlich einwandfreien Kochgeschirrs erst möglich machten, verdankt die Industrie findigen Köpfen aus den verschiedensten Ländern Europas. Seit der Mitte des 18. Jahrhunderts löste eine Erfindung die andere ab.

Schon im Jahre 1761 finden wir im II. Band der »gesammelten chemischen Schriften« des schon erwähnten Johann von Justi den genialen Einfall aufgezeichnet. Als Chemiker benötigte er unzerbrechliche, säurefeste Gefäße. Es gelang ihm, gußeiserne Tiegel mit einem ähnlichen Schmelz zu überziehen, wie seine tönernen Schüsseln.

Etwas später ist es ein Franzose, Jean F. Demachy, der mit seinem Buch über die Scheidewasserdestillation diese Technologie im einzelnen beschrieb. Für seine Experimente, z. B. bei der Destillation von Salpetergeist mit Vitriol, verwendete er eiserne emaillierte Gefäße, die in Königsbronn im damaligen Herzogtum Württemberg hergestellt wurden. Das Mischungsverhältnis der verwendeten Emailfarben wurde dort allerdings noch streng geheim gehalten. Das war im Jahre 1779.

Aber schon im Jahre 1785 stellte man im Hüttenwerk Lauchhammer in Sachsen einen Chemiker ein und begann mit der Produktion schöner, innen emaillierter gußeiserner Kasserollen. Diese begannen bald für die ungesunden Kupferpfannen zu einer ernsten Konkurrenz zu werden. Freilich, die gußeisernen Kasserollen blieben bei aller Nützlichkeit doch noch reichlich schwer. Das galt aber nicht für die Eisenblechgeschirre, die, ebenfalls emailliert, schon im ersten Jahrzehnt des 19. Jahrhunderts auftauchten.

Ein Schmalkaldener Emailliermeister mit Namen Erbe brachte im Jahre 1834 ein Büchlein mit Anweisung über das Emaillieren heraus und zwar, wie er im Vorwort vermerkt, auch über von ihm erfundene Glasuren für Geschirrstücke aus Eisenblech. Offensichtlich fand das

---

Puppenkochgeschirr, hellblau, braun-rosa und weiß gefleckt. Töpfchen für offene Feuerstelle, Drahtohren angenietet, Deckelknopf angeschweißt (H 7,5 cm, ∅ 10,5 cm). Gezogener Wasserkessel, Tülle angeschweißt, Henkel aus Blechstreifen mit Rillen (H 9,5 cm, ∅ 19,5 cm).

Buch nicht seinen Weg bis nach Holland. Die Hütten und Fabriken dort hätten sich sonst manches teure Experimentieren ersparen können.
Die Emailgeschirre aus Eisenblech wurden anfangs natürlich noch handwerklich in der Spenglerei hergestellt, bis man neue Verfahren für die Stahlblechherstellung kennenlernte und bis die vom Franzosen Japy erfundene Ziehpresse die Stahlblechverformung wesentlich vereinfachte.
Beide Werkstoffe, Eisen und Email, hatten nunmehr das Stadium erreicht, das man als den Ausgangspunkt für die moderne Massenfertigung ansehen kann. Wer aber bestimmte Form und Farbe der einzelnen Gegenstände bei diesem neuen technischen Durchbruch?
Bemerkenswerterweise hielt man sich zunächst ans Gewohnte: Beim Kastenguß bildete man die alten geschmiedeten Kessel und Pfannen nach und in der Spenglerei hielt man sich an die bewährten Formen der alten Kupferware. Bei dem neuen Verfahren sah man zunächst eben nur die neuen Möglichkeiten für eine preisgünstigere Herstellung. Man konzentrierte sich auf zylindrische und konische Gefäße, bei deren Zu-

Billige Blechwaren, von links: Wandbehälter für Sand und grüne Seife (zur Orientierung die Maße: L 22,5 cm, B 22,5 cm), daneben Seifenhalter, Zündholzhalter und Bürstenhalter. Die Verbindung der einzelnen Teile wurde entweder durch Löten (mit Zinn) oder Einstecken einer mitgestanzten Blechzunge in den dazu passenden Schlitz hergestellt. Billiges Blechspielzeug wurde ähnlich hergestellt.

Ebenfalls Blechwaren: Ölkanne (zur Orientierung die Maße: H 15 cm, ⌀ 13 cm), daneben kleine Kanne, dahinter Milchkanne (H 28 cm) und eine Stegkanne.

schnitt nur wenig Abfall übrig blieb, das ergab rechteckige und konische Blechstücke, die mit einer Falznaht - mit einem Hammer auf einer Eisenstange ausgeführt - geschlossen wurden. So entstand die einfache Form aus dem einfachen handwerklichen Arbeitsgang.
1852 beginnt dann bereits bei der Werkzeugmaschinenfabrik und Gießerei Schuler in Göppingen/Württemberg die erstmalige Herstellung von Blechbearbeitungsmaschinen. Maschinen freilich, die vielfach noch mit der Hand angetrieben wurden. 1879 nahm z. B. die Firma Baumann in Amberg eine Ziehpresse in Betrieb, dazu eine Rohrfalzzudrückmaschine und eine Bodenfalzmaschine.
Gegenwärtig ist die gesamte Herstellung von Küchengeschirr mechanisiert, aber heute wie vor hundert Jahren spielt der Zeitaufwand, z. B. bei der Herstellung eines Milchtopfes, auch für die Form eine entscheidende Rolle, wenn auch die benötigte Zeit für einen solchen genieteten und gefalzten Topf ganz erheblich geschrumpft ist. Heute wie damals gilt die Devise: Gebrauchstüchtigkeit und rationelle Herstellung führen zur funktionellen Form!

< *Schälchen mit Ausguß aus einem Fünfer-Satz, außen weiß, innen grau-weiß gewolkt mit angenieteten herzförmigen Griffen (H 3,5 cm bzw. 4 cm, Ø 9,5 bzw. 11 cm). Herkunft: Frankreich.*

Kaffeekanne, weiß, eingestanztes Reliefmuster, goldene Handdekoration (H 26 cm mit Deckel). Schwanenhalstülle angeschweißt, Boden aufgefalzt, Henkel und Deckelknopf, je 2 Hälften, aufgeschweißt. Unten: Rückansicht der Kanne.

Das war aber nicht immer so: Um die Jahrhundertwende entwickelte sich ein ganz erstaunlicher Formenreichtum, bei dem das funktionelle Denken stark in den Hintergrund trat. Oft sogar tat man dem Material Gewalt an, selbst bei der Herstellung von Küchengeschirr. Eisernes Geschirr sollte wie Porzellan und Tongeschirr wirken. Vielleicht verleitete dazu auch die Ähnlichkeit der Glasuren?
Man darf aber vermuten, daß solche Übertreibungen nicht vom Kunden ausgingen, eher schon vom Fabrikanten, der auf diesem Wege neue Kunden zu gewinnen hoffte.
Gegenwärtig kann man zwar beim Stahlgeschirr noch eine gewisse funktionale Schlichtheit der Formen beobachten, während sich auf dem Gebiet des Gußeisens die Hersteller und Designer gegenseitig im Erdenken von überflüssigen Luxusformen zu überbieten suchen. Alte Gußformen werden wieder benutzt und die sogenannte Nostalgiewelle beschert uns aufs neue die alten Untersetzer, Seifenschalen, aber auch Fonduepfannen mit altmodisch nachempfundenen Spiritusbrennern u. dergl. Durch die modischen Farben der Emaillierung wird der Gegenstand nun zum »Gag«, man sucht oft den Eindruck von Handarbeit zu erwecken - mit entsprechend hohen Preisen...
Damals, als die maschinelle Herstellung erst begonnen hatte, gab es wirklich noch einen großen Anteil an Handarbeit bei der Herstellung von emailliertem Stahlgeschirr und Gußeisen. Beim Stahlgeschirr überwog die Handarbeit bei den *abschließenden* Fertigungsarbeiten, beim Kastenguß dagegen wurde der Gießer vor allem bei den *ersten* Arbeitsgängen handwerklich benötigt.

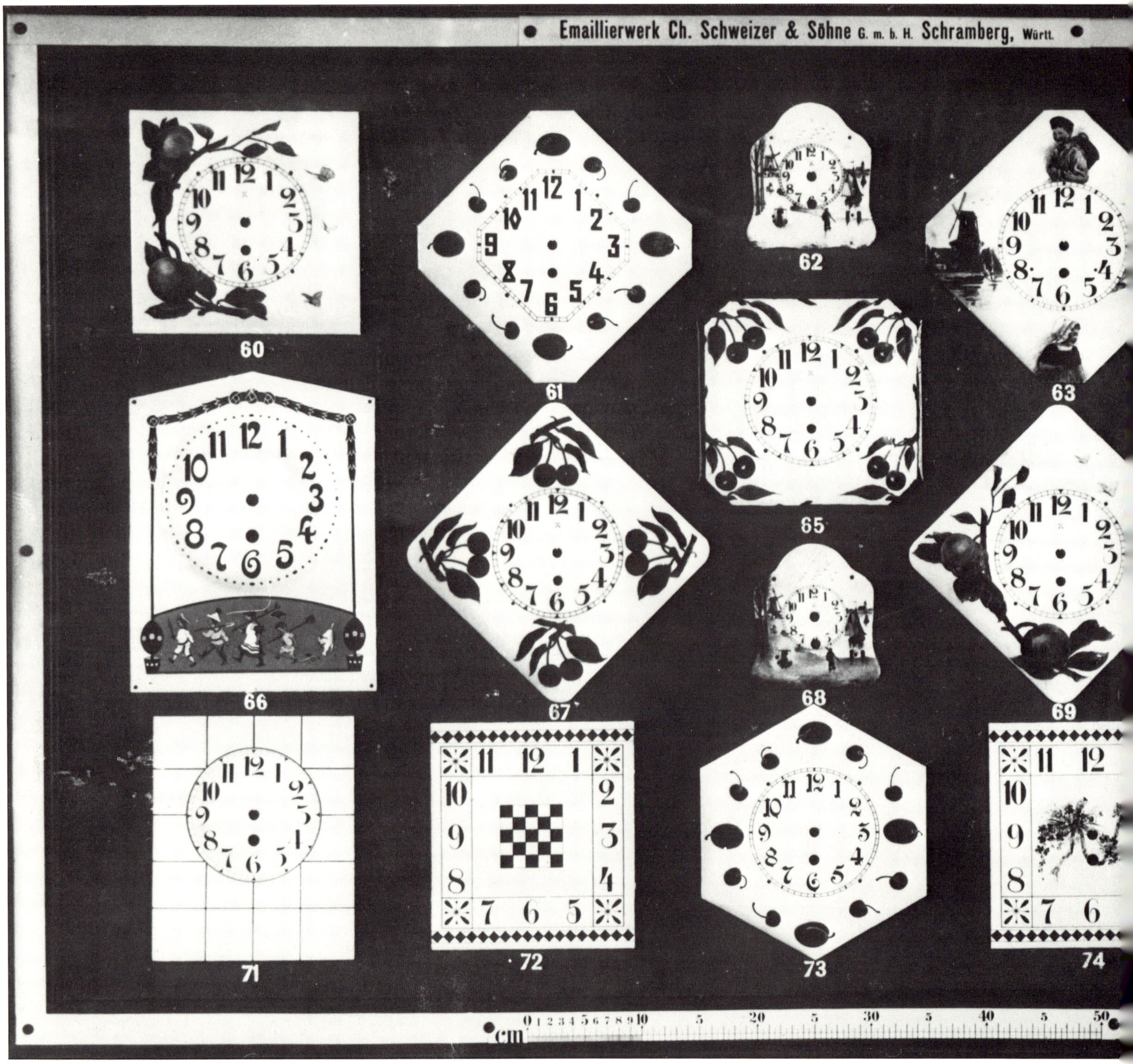
Emaillierwerk Ch. Schweizer & Söhne G. m. b. H. Schramberg, Württ.
60
61
62
63
65
66
67
68
69
71
72
73
74
cm

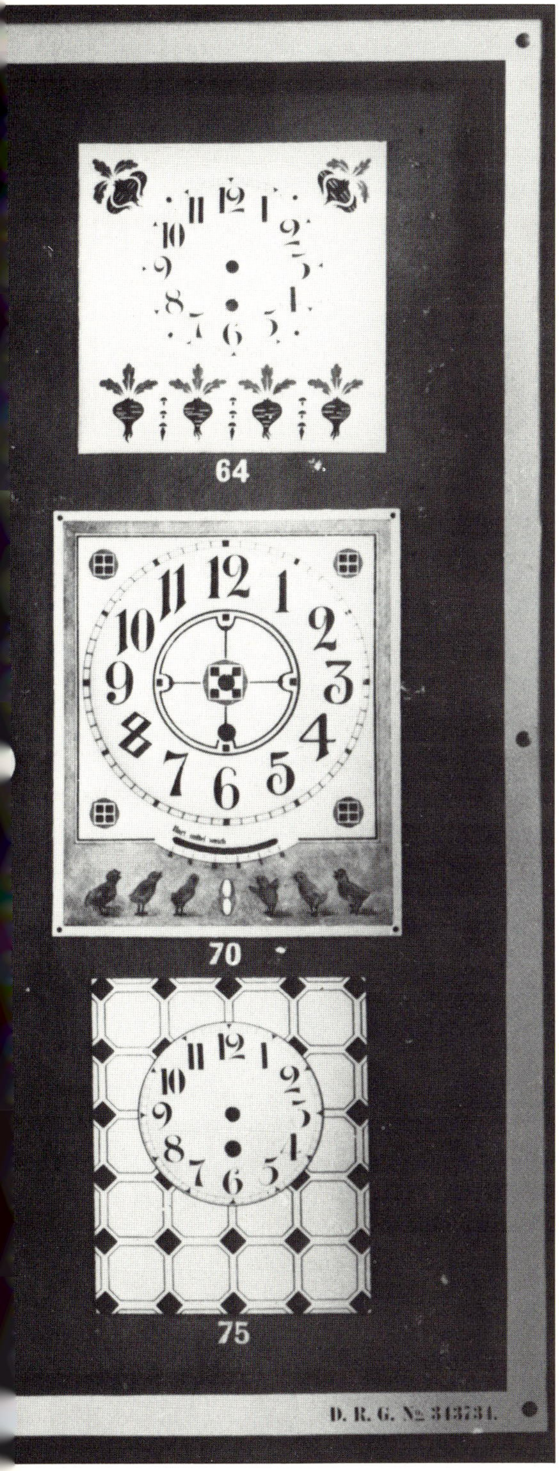

Eine kurze Beschreibung beider Arbeitsvorgänge in der Zeit vor der totalen Mechanisierung mag das verdeutlichen, wenn wir die Herstellung eines Topfes verfolgen.

1. Die Blechtafeln werden in Streifen geschnitten.
2. Mit einer Stanzmaschine werden runde Scheiben ausgestanzt.
3. Diese Scheiben werden nun in der Ziehpresse dreimal gezogen, jedesmal etwas tiefer, bis die gewünschte Tiefe erzielt ist. Beim dritten Zug wird der Ausguß mitgezogen. Damit die Scheiben bei diesem Vorgang nicht brechen, werden sie regelmäßig in ein Schmierbad getaucht und ausgeglüht. Beim Ausglühen wird zusätzlich der anhaftende Schmutz und das Öl verbrannt.
4. Das Gefäß kommt auf die Planierbank, wo es ebengerichtet wird, falls es sich verzogen hat. Der Rand wird säuberlich abgeschnitten.
5. Auf einer weiteren Planierbank wird der Rand bordiert oder gebör-

< Katalogseite mit Ziffernblättern von Küchenuhren. Fast alle Dekorationen sind Steindrucke nach individuellem Entwurf. Firma Ch. Schweizer & Söhne, Schramberg (um 1900).

delt. Bei Deckeltöpfen wird vor dem Bordieren eine Rille vorgesehen, so daß der Deckel aufliegen kann.

6. Das Gefäß wird gebeizt und entfettet.
7. Der Griff wird angeschweißt.
8. Zwischenkontrolle.
9. Auftrag des Grundemails.
10. Das Gefäß kommt in den Brennofen.
11. Das Farbemail wird innen und außen aufgetragen.
12. Das Gefäß kommt erneut in den Brennofen.
13. Das Dekor wird angebracht.
14. Das Gefäß kommt wieder in den Ofen (früher sogar mehrmals).

Foto auf der vorhergehenden Seite und unten: Suppenteller aus Keramik (Regout, Holland), dekoriert mit einem bäuerlichen Motiv, dazu passende Butterdose, weiß emailliert mit demselben Motiv, um 1900.
Auf der vorhergehenden Seite eine ähnliche Zusammenstellung – Keramikteller mit passendem emailliertem Stieltopf – aus dem heutigen Angebot von Boch Frère, Belgien.

Oben: Französische Kaffee- oder Teekanne, weiß mit blauem übertragenem Steindruck, Schwanenhalstülle und angenietetem Henkel (H 21 cm).
Rechts: Kaffeekanne mit Scharnierdeckel, weiß mit grauem übertragenem Steindruck. Die Blumen und Blätter waren ursprünglich wahrscheinlich blau, die Golddekoration auf der angeschweißten Schwanenhalstülle ist handgemalt. Der Boden ist angefalzt, Scharnier und Schraubengriff sind aufgenietet. Der Handgriff ist aus Hartholz mit einer Schraubschnecke (Schraubgewinde). H 21 cm.

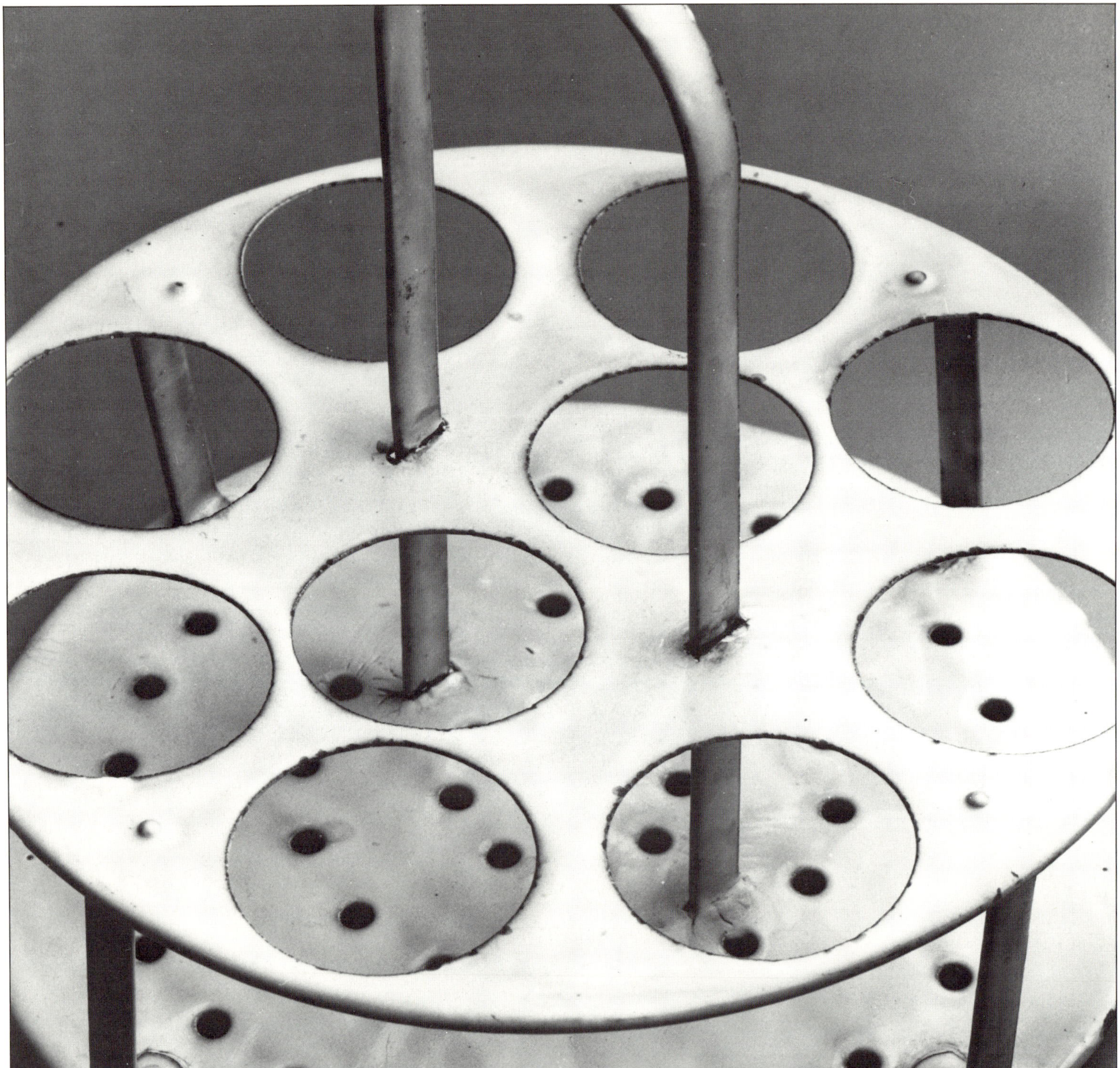

Flaschenhalter, weiß emailliert, zum Warmhalten und Sterilisieren von Säuglingsflaschen. Dieser Flaschenhalter besteht aus 11 Teilen, die alle festgenietet sind – eine sehr arbeitsintensive Konstruktion! (Lochdurchmesser ca. 6 cm). Goltziusmuseum, Venlo. Rechts: Abbildung der Unterseite.

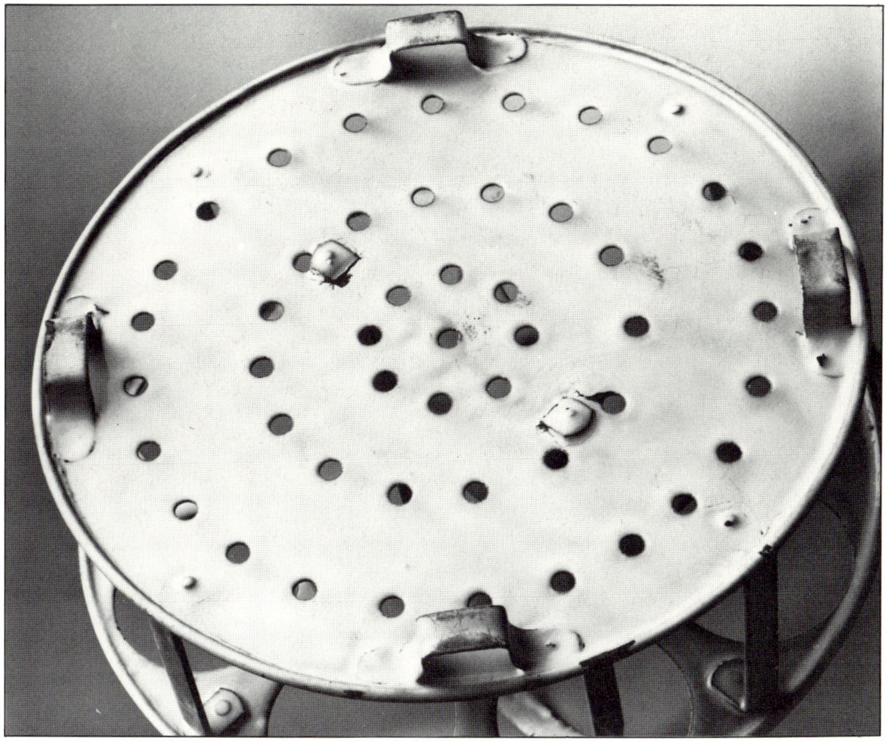

Die unter Ziffer 7 genannten Griffe stellte man im eigenen Betriebe her, anfangs aus dickem Draht, später als Hohlgriffe. Letztere wurden ebenfalls aus Blechstreifen geschnitten und zu Röhren gebogen. Um sie biegen zu können, wurden sie ausgeglüht und mit Sand gefüllt. Hatten sie ihre Form, so wurde der Sand ausgeklopft und die Enden flachgedrückt. Anfangs wurden sie mit Nieten am Topf befestigt, später angeschweißt. Leider waren die Töpfe gerade an dieser Stelle immer schon gefährdet. Durch Stoß und Fall drang Wasser in den hohlen Griff und weil er nur von außen emailliert war, rostete er von innen durch.
Gegenwärtig sind viele Betriebe dazu übergegangen, stattdessen Plastikgriffe zu verwenden, aber diese Alternative ist nicht besonders überzeugend und wenig materialgerecht. Andererseits ist es begreiflich, daß die vielen Hersteller von Emailgeschirr, die auch im eigenen Betriebe für alle nicht zum Kochen bestimmten Gefäße Plastikmaterial verwenden, mit Plastikgriffen eigener Herstellung wesentlich günstiger kalkulieren können.
Wenn dem Leser anhand der oben ausführlicher beschriebenen Arbeitsvorgänge bei der Herstellung eines emaillierten Stahltopfes auch alles einleuchtet, so bleiben doch noch berechtigte Fragen ungeklärt, wo es um die komplizierteren Formen geht, zumal in der Pionierzeit der mechanischen Herstellung. Bei den Puddingformen fällt die

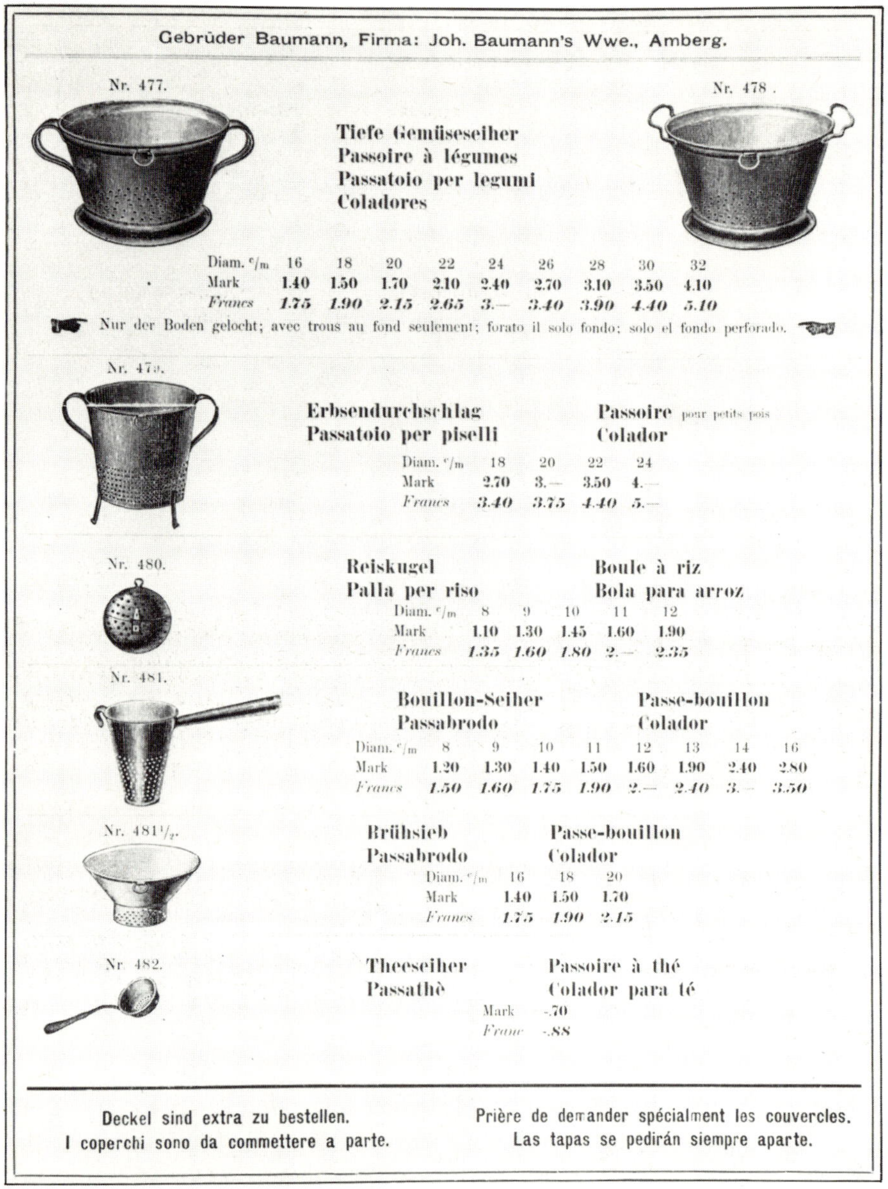

Gebrüder Baumann, Firma: Joh. Baumann's Wwe., Amberg.

Nr. 477. Nr. 478.

Tiefe Gemüseseiher
Passoire à légumes
Passatoio per legumi
Coladores

Diam. c/m	16	18	20	22	24	26	28	30	32
Mark	1.40	1.50	1.70	2.10	2.40	2.70	3.10	3.50	4.10
Francs	*1.75*	*1.90*	*2.15*	*2.65*	*3.—*	*3.40*	*3.90*	*4.40*	*5.10*

Nur der Boden gelocht; avec trous au fond seulement; forato il solo fondo; solo el fondo perforado.

Nr. 479.

Erbsendurchschlag **Passoire** pour petits pois
Passatoio per piselli **Colador**

Diam. c/m	18	20	22	24
Mark	2.70	3.—	3.50	4.—
Francs	*3.40*	*3.75*	*4.40*	*5.—*

Nr. 480.

Reiskugel **Boule à riz**
Palla per riso **Bola para arroz**

Diam. c/m	8	9	10	11	12
Mark	1.10	1.30	1.45	1.60	1.90
Francs	*1.35*	*1.60*	*1.80*	*2.—*	*2.35*

Nr. 481.

Bouillon-Seiher **Passe-bouillon**
Passabrodo **Colador**

Diam. c/m	8	9	10	11	12	13	14	16
Mark	1.20	1.30	1.40	1.50	1.60	1.90	2.40	2.80
Francs	*1.50*	*1.60*	*1.75*	*1.90*	*2.—*	*2.40*	*3.—*	*3.50*

Nr. 481 1/2.

Brühsieb **Passe-bouillon**
Passabrodo **Colador**

Diam. c/m	16	18	20
Mark	1.40	1.50	1.70
Francs	*1.75*	*1.90*	*2.15*

Nr. 482.

Theeseiher **Passoire à thé**
Passathè **Colador para té**

Mark	-.70
Franc	*-.88*

Deckel sind extra zu bestellen.
I coperchi sono da commettere a parte.
Prière de demander spécialment les couvercles.
Las tapas se pedirán siempre aparte.

Antwort nicht schwer: Man hatte hierzu die Stempel- oder Friktionspresse, mit der durch das Aufeinanderpressen des positiven Stempels und der negativen Matrize das Stahlblech verformt wurde.
Auch die Löcher der Kartoffelreibe wurden mit dieser Maschine erzeugt. Kleine, viereckige Messer, nicht länger als 5 mm, stanzten sich durch das Blech in vorgegebene Vertiefungen – mit längeren Messern hatte man wohl unliebsame Erfahrungen bei der Benutzung gemacht... Anschließend wurde das Blech gerundet.

Gegenstände mit handgemaltem Dekor (Keramikfarben ähnlich der Porzellanmalerei): Eine frühe Tortenplatte mit angenietetem Fuß (Fußhöhe 12 cm, Ø 36 cm). Ebenfalls weiß emailliert, ein dreiteiliger Rechaud auf Füßen. Die Füße und die Handgriffe bestehen aus vernickeltem Gußeisen. Der aufliegende Rost ist abnehmbar. Nicht sichtbar ist ein perforierter Einsatz im Innern des Rechauds, mit drei Füßchen und kleinen Henkeln, grau emailliert, auf den man die glühende Holzkohle legte. Gesamthöhe 12 cm. Durchmesser des aufliegenden Rostes 26 cm. Herkunft: Auf der Unterseite ist in roter Schrift aufgedruckt: Japy Frères & Cie.
Im Vordergrund zwei Milchkännchen zum Vergleich: Das rechte Kännchen ist aus Porzellan. Das emaillierte Kännchen hat einen Stoßwulst um den Bauch und einen angenieteten Henkel. Beide Kännchen stammen aus dem letzten Viertel des 19. Jahrhundert.
Herkunft: unbekannt.

Einige ganz besonders schöne Stücke in geflammter Terrakottafarbe, die gut zueinander passen: Großer Wasser- oder Teekessel (Bauchweite 26 cm), Kaffee- und Milchkanne. Die Ausführung des Dekors erfolgte in zwei Maltechniken: Die Segelbootmotive in den Medaillons erinnern an Kacheln – auch im Hinblick auf ihren flachen Farbauftrag, ähnlich wie bei der Porzellanmalerei. Die Winterblumenkränze, die die Kachelmotive umranken, sind dagegen dick mit Emailfarben aufgetragen. (Die Calla auf der Kanne vorne blüht in Afrika, wenn bei uns Winter ist.) Die Gefäße sehen in ihren warmen Farben aus, als warteten sie darauf, im kalten Winter mit heißen Getränken gefüllt zu werden.

Auch die Herstellung der schöngeformten, bauchigen Kaffee- und Teekannen gibt dem Laien Rätsel auf. (Man sieht solche Kannen weniger häufig als die konisch geformten Kannen. Auch entsprechende Bier- und Weinkannen stehen nicht auf dem Flohmarkt herum.)

Die Herstellung hat man sich folgendermaßen vorzustellen: Man verwendete sogenannte Planiermaschinen. Eine zylindrische Röhre wurde über eine Negativform geschoben, die als achtteiliger Stempel wie bei einer Drehbank achsial befestigt war. Der rotierende Zylinder wurde mit einer Rolle gegen diesen Stempel gepreßt, sodaß man den sich verjüngenden Hals des Gefäßes formen konnte.

Jetzt hätte man den so verformten Zylinder nicht mehr von dem Stempel resp. der Negativform herunterziehen können, wäre diese nicht durch einen Bolzen, den man herauszog, in acht Teile zusammengefallen. Durch diese geniale Vorrichtung konnte man nunmehr leicht die verformte zylindrische Röhre abnehmen. Der Boden wurde dann angeschweißt, früher angenietet. Alte Kannen haben daher einen Fuß und deutlich sichtbare Nietnägel.

Die Schwanenhalstülle solcher Kannen wurde immer aus zwei spiegelgleichen gestanzten Hälften zusammengeschweißt, oder, wenn eine Naht sichtbar ist, zusammengefalzt. Solche Details geben oft zuverlässige Hinweise für das Alter der Kanne.

Gußeiserne Gefäße und Geräte sind aus dem Küchenbetriebe nicht wegzudenken. Daher soll an dieser Stelle auch über ihre Herstellung berichtet werden.

Das Modell für den Guß wurde aus Kupfer nach einem hölzernen Vorbild geformt. Die benötigte Gußform bestand aus zwei Teilen: Dem Unterkasten, in dem man die Außenseite des Gefäßes formt und dem Oberkasten für die Innenseite. Diese Innen- und Außenformen bildet man mit Formsand, einer aus verschiedenen Stoffen zusammengemischten klebrigen Masse. Formsand kann beispielsweise aus Natursteinsand, Steinkohlepulver und reinem Lehm bestehen. Der richtige Feuchtigkeitsgehalt ist für das Gelingen des Gusses von großer Wichtigkeit, da die Topfwand ja nur ±1,8 mm stark ist.

Die obere und die untere Kastenhälfte werden jeweils auf ein Kupfermodell gelegt, um so die Negativform für die Außen- resp. Innenseite zu bilden. Man streut Formsand in diese Kästen auf besagtes Modell und stampft diesen so fest, daß man das Modell nunmehr ohne weiteres herausziehen kann. Übrig bleibt ein perfekter Abdruck. Die Kastenhälften werden nunmehr zusammengesetzt. Nur die Topfwand, der Boden, evtl. zwei Ohren und zwei trichterförmige Löcher im Oberkasten bleiben ausgespart. In diese zwei Löcher füllen nun zwei sich gegenüberstehende Gießer gleichzeitig aus langstieligen Gußpfannen das flüssige Eisen.

Nach dem Abkühlen werden die zwei Kästen voneinander getrennt. Der Sand wird abgestoßen und zum Vorschein kommt der Topf mit den zwei vollgelaufenen Trichtern. Diese werden abgeschlagen, das Gefäß wird geschliffen und mit einem Sand- oder Stahlkügelchenstrahl glattgespritzt. Jetzt ist der Topf fertig und kann innen – später auch

Beispiel der Formen-Vielfalt: Zwei Kaffeekannen, hergestellt im späten 19. oder frühen 20. Jahrhundert. Herkunft fraglich, wahrscheinlich französisch oder böhmisch. Die konische Kanne ist hellblau, handdekoriert, die bauchige Kanne ist schokoladenbraun emailliert. Beide haben Henkel aus Eisenband, die Deckelscharniere und die zweiteilige Schwanenhalstülle sind gefalzt und aufgenietet. Die Knöpfe sind gegossen. Die bauchige Kanne hat um die Mitte einen Wulst zum Schutz vor Stoß. Beide Kannen sind je 26 cm hoch.

Zum Vergleich mit nebenstehendem Rechaud ein Gerät aus gelochtem Eisenblech auf drei gußeisernen Füßen mit zwei angeschraubten gußeisernen Griffen und aufgelegtem Messingrost aus dem frühen 19. Jhdt. Innen befindet sich ein auf Füßchen stehender Behälter für Holzkohlen (H 9,5 cm, ⌀ 22,5 cm). Musée des Alimentations, Vevey, Schweiz.

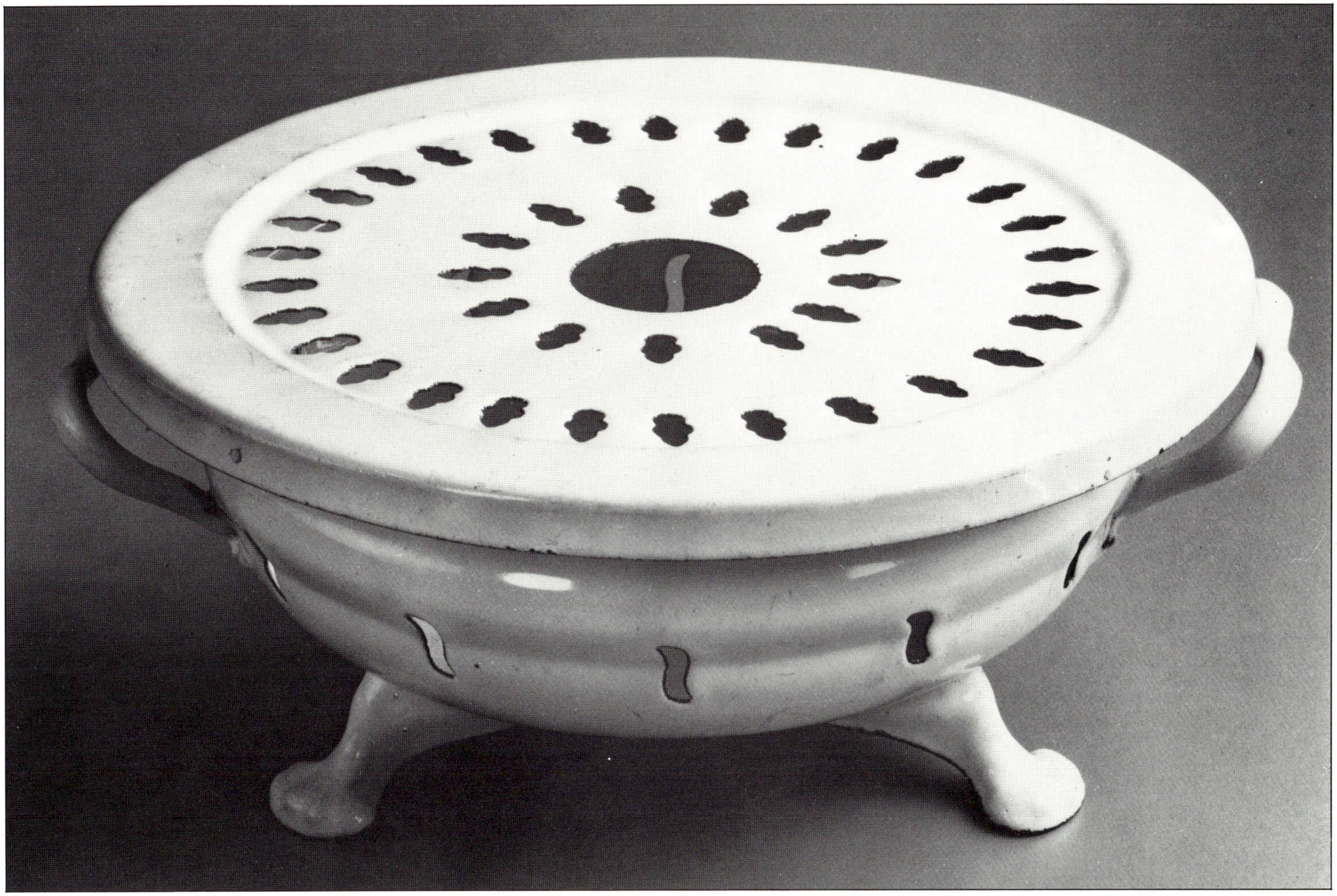

Rechaud oder Speisenwärmer für Holzkohlenbetrieb, weiß emailliert, dreiteilig: Innenrost mit drei Füßchen für die Holzkohlen, durchlöcherter Körper auf drei angenieteten Füßen mit zwei angehefteten herzförmigen Griffen und ein flacher, durchlöcherter Rost, der wie ein Deckel auf dem Rand aufliegt (Φ 25 cm).
Goltziusmuseum, Venlo, Holland.

außen - emailliert werden. Bei der Emaillierung von Gußeisen wird übrigens Emailpulver auf das glühende Eisen aufgestreut; im Gegensatz dazu wird Blechgeschirr in flüssiges Email getaucht.
Die Form der eisernen Kochtöpfe hat sich in der langen Entwicklungszeit nur wenig geändert. Gegen das Verdampfen der Kochflüssigkeit kam lediglich ein Deckel dazu. Gerade an diesem Deckel, den man übrigens früher extra hinzubestellen mußte, ließ sich dann noch einiges nützlich verbessern, während der Topf selbst keiner Verbesserungen zu bedürfen schien.
Der Hersteller, der natürlich seine Verkaufschancen im Auge behalten mußte, fragte in der Regel zunächst, welche Rationalisierungsmaßnahmen im Fabrikationsverfahren noch möglich wären. Was die Zweckdienlichkeit anlangte, so verließ er sich auf Erfahrung und Überliefe-

Λ *Eierbecher, weiß, zwei zusammengeschweißte Teile. Kaffeemaß, weiß (H 7 cm), angenieteter Griff. Zwei verschiedene Maße für dieselbe Menge Kaffee: Bohnen und Kaffeemehl!*

< *Detail einer alten Kaffeekanne, handgemalte Dekoration, konische Form, zusammengefalzt, Deckelscharnier nochmals an den Griff aus Eisenband angenietet. Goltziusmuseum, Venlo, Holland.*

rung, wobei er sicher nicht den Ausschuß eines Hausfrauenverbandes um ein Gutachten ersuchte. Eher schon berücksichtigte er, zumindest in der Werbung, die Meinung einer Kochbuchautorin. Von allergrößter Bedeutung für seinen Erfolg aber erschien dem Fabrikanten schon damals alles, was man heute unter dem Begriff »Trend« zusammenfaßt und was mit Zweckmäßigkeit oft reichlich wenig zu tun hat.
Da mußte man z. B. auf Käuferschichten Rücksicht nehmen, die mit Form und Farbe ihres Kochgeschirrs auch ihren Wohlstand und ihre Weltgewandheit repräsentieren wollten. Auch die gerade herrschenden Stilströmungen wollten berücksichtigt sein.
So etwas mußte freilich auf dem Gebiet der Massenproduktion zu Mißverständnissen führen, ja gelegentlich sogar zu Monstrositäten. Der Sammler unserer Tage nimmt natürlich auch solche Entgleisungen gelassen hin. Ihn freut es sogar, daß diese Gegenstäne an ihren Stilmerk-

Links: Zwei Kinder-Backpfännchen, blau-grau und weiß wolkig (beide ⌀ 12,5 cm). Muster patentiert, wahrscheinlich Annweiler Email.

Rechts: Zwei grau-weiß gewolkte Töpfe. Der größere Topf ist ein zweiteiliger Kartoffeldämpftopf. Die Löcher des Einsatzes sind ca. 1 cm im Durchmesser. Der Topf ist ca. 50 Jahre alt (⌀ 22 cm). Der kleinere Topf ist neu und hat deutlich schlechtere Proportionen und die heute üblichen Einheitsgriffe. Beide Töpfe stammen von B.K. Holland. Musée des Alimentations, Vevey, Schweiz.

malen sofort erkennbar und daher leicht zu datieren sind, selbst wenn ihn gute Proportionen und schönes Dekor wesentlich stärker ansprechen.
Aber der Konkurrenzdruck verführte den Fabrikanten nicht nur zu formalen Entgleisungen. Oft suchte er sein Glück auch mit komplizierten und unhandlichen Gegenständen, die er wegen seiner Konkurrenten noch dazu patentamtlich vor Nachahmung schützen mußte. Dabei waren diese Dinge oft kurzlebig und verschwanden bald aus den Katalogen wie z. B. jener Bräter mit doppeltem Boden, zwischen den man eine Asbestplatte legen konnte, um das Anbrennen zu verhindern...
Im Gegensatz dazu sind die meisten schlichten und gängigen Artikel, denen man schon in Katalogen von 1900 begegnet, auch noch im Jahre 1930 im Sortiment zu finden.
Wenn man sich auf diese oft so widersprüchlichen Phänomene einen Reim machen will, so gibt es nur die eine Erklärung: Es war in der Regel der Fabrikant, der damals wie heute mit all den vielen Haushaltsneuheiten aus gutem Grunde neue Bedürfnisse schaffen wollte. Der Einblick in das reichhaltige Sortiment der unten angeführten Kataloge berechtigt zu dieser Annahme:

Annweiler Email- und Metallwerke, vorm. Franz Ullrich und Söhne,
Gebrüder Baumann,
Becker & Buchardi,
Bellino & Cie.,
Bing-Werke,
Fränkische Emaillier- und Stanzwerke, Gebr. Hüllmantel.
Ferner ausländische Kataloge:
Kamper Emailfabriken, ehem. Berk & Zoon, Kampen,
EDY Emaillierfabrik »De Yssel«,
Leopold & Cie. Frankreich,
Sears, Roebuck & Comp.

Wie vor allem aus den deutschen Katalogen hervorgeht, ging es durchaus nicht nur um den heimischen Markt, man paßte sich z. B. bei dem Topfangebot auch dem Geschmack der jeweiligen Exportländer an. Es gab Maschinen- und Ringtöpfe sowie Petroleumkochtöpfe. (Früher hieß der Kochherd auch Kochmaschine, daher die Bezeichnung Maschinentopf.) Die belgischen Töpfe hatten eine Furche für den Deckel, im Gegensatz zu den Franzosen, deren Töpfe waren nicht gebördelt. Die Schweizer Kasserolle hatte einen flachen breiten Rand, der Bauch der französischen war bombiert. Kasserollen konnte man zudem in den verschiedensten Ausführungen liefern. Es gab sie mit Stiel oder mit Griffen, die aber wiederum auf zweierlei Art befestigt wa-

Gegenstände, die auf verschiedene Weise beschriftet wurden: Die handbeschriftete Gewürzdose im Vordergrund (H 10 cm) macht die Größenverhältnisse deutlich. Alle Stücke, mit Ausnahme der Sand-, Seife-, Soda-Etagère, wurden in verschiedenen Größen hergestellt. Die Beschriftung der Etagère erfolgte mit Fettstift und aufgestäubtem Emailpuder, die des französischen Milcheimers ist aufgedruckt (mit Abziehbild), wahrscheinlich auch die Schrift der Wasserkanne. Ebenso der Stich von Lourdes samt Unterschrift, zu sehen auf der hellblauen Henkelflasche mit Messingschraubverschluß, die zur Aufbewahrung des geweihten Wassers diente. Hersteller dieser Flasche war die Firma Baumann, deren weiße Schutzmarke auf der Unterseite sichtbar ist. Die aus Frankreich stammende weiße Petroleumkanne mit Banddekoration (H 24 cm, ⌀ 11 cm), desgleichen die Vorratsdose mit dick aufgetragener Emailmalerei, haben beide eine mit der Hand ausgeführte Goldbeschriftung, die mit einem Fettstift vorgezeichnet wurde.

LE BON LAIT
SLM
Pétrole
2L
Water
Sand
Seife

< *Diese verschiedenen gußeisernen Bügeleisen stammen wahrscheinlich aus England. Daß Bügeleisen emailliert wurden, ist eine Besonderheit, die allerdings auch in Frankreich nicht unbekannt ist. Unsere Bügeleisen zeigen auf blauem und grauem Untergrund eine Flächenbelebung durch fein verteilte weiße Spritzer. Das Emaillieren hatte gerade in diesem Fall verschiedene Vorzüge: Das Problem des Rostens war gelöst, Flecken konnten leicht abgewischt werden und Email war hitzebeständig (L der Bügelfläche 16 cm).*
Das gußeiserne, emaillierte hellgrüne Stövchen wurde mit glühender Holzkohle beheizt und in der kalten Jahreszeit in der Kutsche und auch zur Kirche mitgenommen, um die Füße zu erwärmen. Der Deckel ist mit einem Scharnier befestigt. Ein Drahtbügel mit Holzgriff diente zum Tragen. Heute werden solche Stövchen (in sauberem Zustand) als Rechaud benutzt und auf den Tisch gestellt.

Seite aus dem Katalog der Gebrüder Baumann, Amberg, aus dem Jahre 1903. Die Abbildungen zeigen ein reiches Formenangebot – für jeden Geschmack war etwas dabei! >

ren. Dann gab es Heukistentöpfe (Kochkiste) mit Spezialverschluß, Drillingskasserolen für verschiedene Gerichte. Es gab Stapeltöpfe fürs Dampfkochen, Kartoffel- und Reistöpfe. Es gab das Bain-Marie und den Pichelsteinertopf. Es gab Pfannen für Heilbutt, Spargel, Hasen und Schinken, angepaßt an die jeweilige Form der Gerichte. Selbst für die Eisenbahner gab es einen Henkeltopf (Henkelmann) mit Heizvorrichtung.
Man könnte natürlich auch das ungeheure Sortiment an Seihern und Sieben aufführen und noch vieles mehr. Beim Betrachten des Katalogs der Firma Leopold von 1938 lernt man die Schwierigkeiten kennen, wenn man die Entstehungszeit eines Gegenstandes genauer feststellen will. Ihre Emaillerie wurde im Jahre 1936 gegründet und übernahm of-

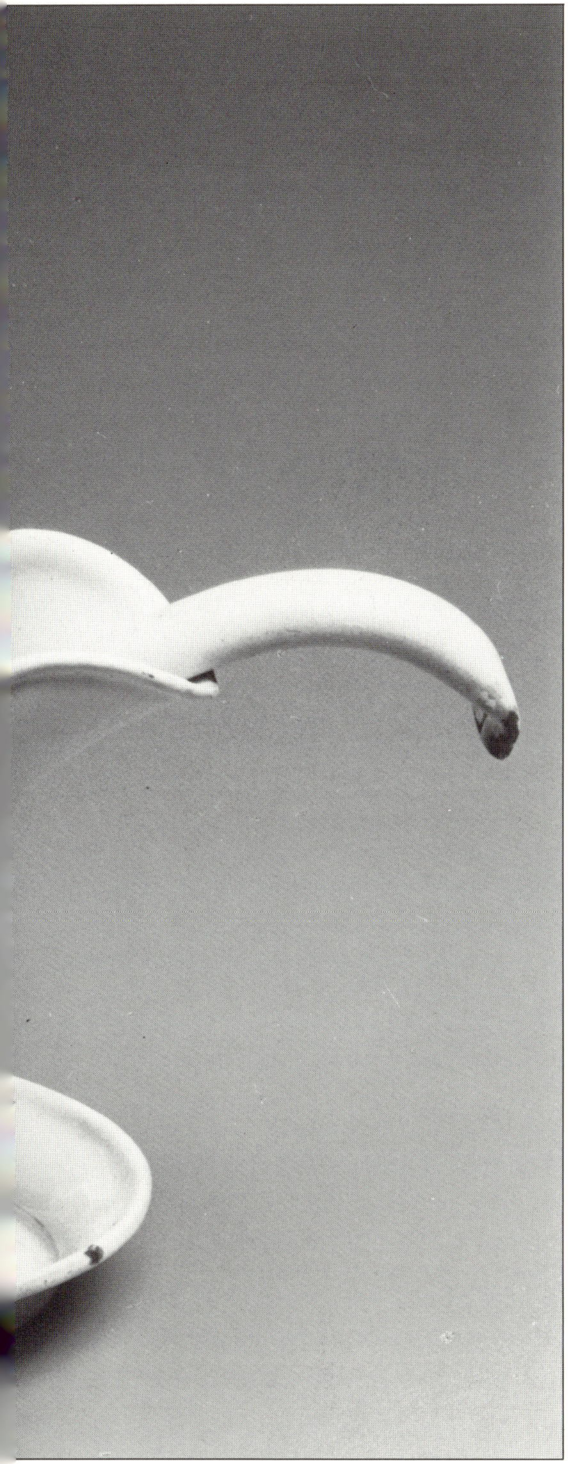

fensichtlich die Modelle, ja vielleicht auch Stempel und Matrizen viel älterer Fabriken. Nicht einmal die Beschriftung kann hier Auskunft geben, am ehesten noch die Farbe. Besonders auffallend sind folgende Katalognummern:
Nr. 216: Streichholzbehälter zum Aufhängen
Nr. 17: Bauchige Milchkanne mit scharnierendem Deckel
Nr. 62: Zweiteilige Wasserfontaine zum Aufhängen mit Wasserhahn, deren Vorläufer aus der Jahrhundertwende die gleichen Erscheinungsformen hatten.
Man sollte hier bedenken, daß zum einen die Anschaffung von neuen Stempeln und Matrizen recht kostspielig war, zum anderen hatte man erkannt, daß sich die Konsumenten an manche Gegenstände gewöhnt hatten. Ihr Weitererscheinen (obwohl aus einem anderen Material) auf dem Markt führte daher oft zu bleibendem oder gar steigendem Verkauf. Zum dritten aber gehen konstante Vorlieben des Publikums oft weit zurück, wie man es in Holland am Beispiel einer bestimmten Milchkanne studieren kann. Im alten B.K.-Katalog ist sie unter dem Namen »Jakobakanne« abgebildet. Nicht nur im Namen auch in der Form ähnelt sie der keramischen Vorgängerin.
Weiter gehören zu dieser Gruppe
eine runde Wanne zum Stärken von Weißwäsche,
der berühmte Doofpott zum Aufbewahren von glühender Holzkohle,
sowie eine Art Sieb zum Auffangen der Teeblätter beim Umgießen des Tees.
Als letztes gehört noch eine ovale Abspülwanne zu dieser Aufzählung. Sie gleicht in ihrer Form einem Holzbottich, der freilich in seiner vom Küfer gefertigten Originalausführung aus Eiche war.
Alle diese Gegenstände konnte man schon in alten Bauernhäusern finden, nur waren sie 150 Jahre früher aus Messing oder Kupfer.
Sicher war es gerade die bäuerliche Landbevölkerung, die auf diesen Formen bestand, an die sie gewöhnt war, zumal die Form keiner Verbesserung zu bedürfen schien. Noch in den Katalogen von B.K. von 1939 können wir sie finden.

Vorne eine Saucière mit Löffel, weiß emailliert. Fuß und Schale sind separat angefertigt und aneinandergeschweißt. Griff und Stiel des Soßenlöffels sind Hohlröhren und angeschweißt (H in der Mitte 8 cm. Fuß: L 15,5 cm x 11,5 cm). Dahinter eine Porzellan-Saucière. – Ein typisches Beispiel für eine Porzellan-Imitation!

Die emaillierten Gefäße in Nachbildung altbewährter Kupferartikel, denen man manchmal noch heute im Antiquitätenhandel begegnet, konnte man aber auch in Deutschland beobachten. Das gilt für die hübschen württembergischen Schwenkbütten, in anderen Teilen Deutschlands auch Wassergölte genannt.
Im Gegensatz dazu haben aber die »gotischen« Kannen, die man vielfach in den Katalogen abgebildet sieht, nichts mit Überlieferung zu tun. Ihre Form ist in den meisten Fällen der im letzten Jahrhundert wiederentdeckten Gotik nachempfunden. Historische Stile standen oft auch Pate bei Sonderanfertigungen für Jubiläen und ähnliche festliche

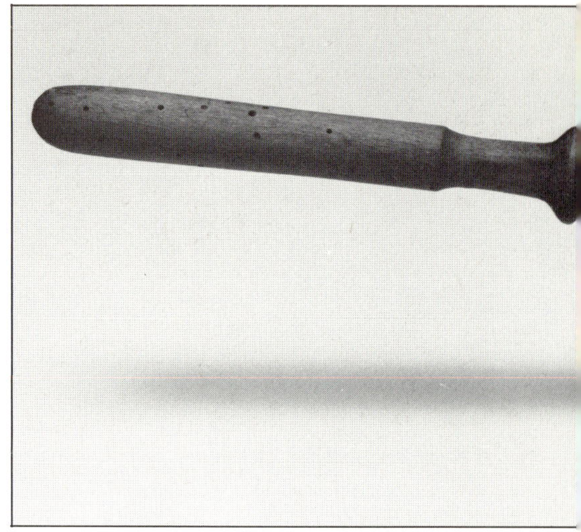

Links und rechts: Zwei Elektrokaffeekannen, weiß mit blauem Blumendekor bzw. blauer holländischer Landschaft in Drucktechnik dekoriert. Das Liniendekor auf den Tüllen ist mit der Hand aufgetragen. Die Kannen erscheinen alt, stammen aber erst aus den 20er Jahren. Bergbau- und Industriemuseum, Theuern.

Oben: Altes gezogenes Tiegelchen, weiß mit angenietetem Dorn aus dickem Eisendraht, auf den ein hölzerner Griff geschoben wurde (L mit Stiel 16 cm, H 12 cm).

Anlässe. Prächtig ausgeführt und in den schönsten Farben emailliert, maßten sie sich die Verwandtschaft mit Gegenständen der Renaissance und des Mittelalters an. Die Funktionsform »veredelte« man in diesen Fällen mit allerlei formalem Schnickschnack, mit Schnörkeln, Knöpfen und aus zwei Hälften gestanzten Tüllen, die, wie schon gesagt, besonders leicht rosteten. Die Sammler aber haben auch an solchen Porzellan- und Stilimitationen ihre besondere Freude, da sie Ausdruck technischen Könnens sind.
Die Dekore, vor allem das blaue Strohblumenmotiv, später »indischblau« genannt, erhöhten die Illusion.

Links: Essenträger, weiß mit blauem Bandmuster, Trägerösen aus dickem Eisendraht sind angenietet. Der Deckel ist gleichzeitig Teller (H 26 cm, ⌀ 17,5 cm). Hersteller: Baumann, Amberg.

Rechts: Streichholzhalter, weiß, purpur und gold handdekoriert. Der Marmoreffekt wurde mit einem Kamm oder Nagelbrettchen erzielt. Der Deckel fehlt (Gesamthöhe 17 cm). Herkunft: Frankreich.

Später wird dann diese historisierende Stilrichtung vom l'Art-Déco abgelöst: Waschkrüge sind wie Röhren mit Ausguß, die Griffe abgewinkelt anstatt rund. Das Dekor wird abstrakt geometrisch.
Wo die Stilrichtung nicht deutlich erkennbare Merkmale zeigt, bleibt oft die zeitliche Einordnung gerade der schlichten Formen äußerst schwierig. Auch die Untergrundfarbe – nicht das Dekor – des Geschirrs führt oft in die Irre. Denn viele Hersteller arbeiteten von der Jahrhundertwende bis in die 20er Jahre noch mit unveränderter Farbskala. Nur das Herkunftsland ist manchmal an der Farbe feststellbar, wie z. B. bei französischer Ware.

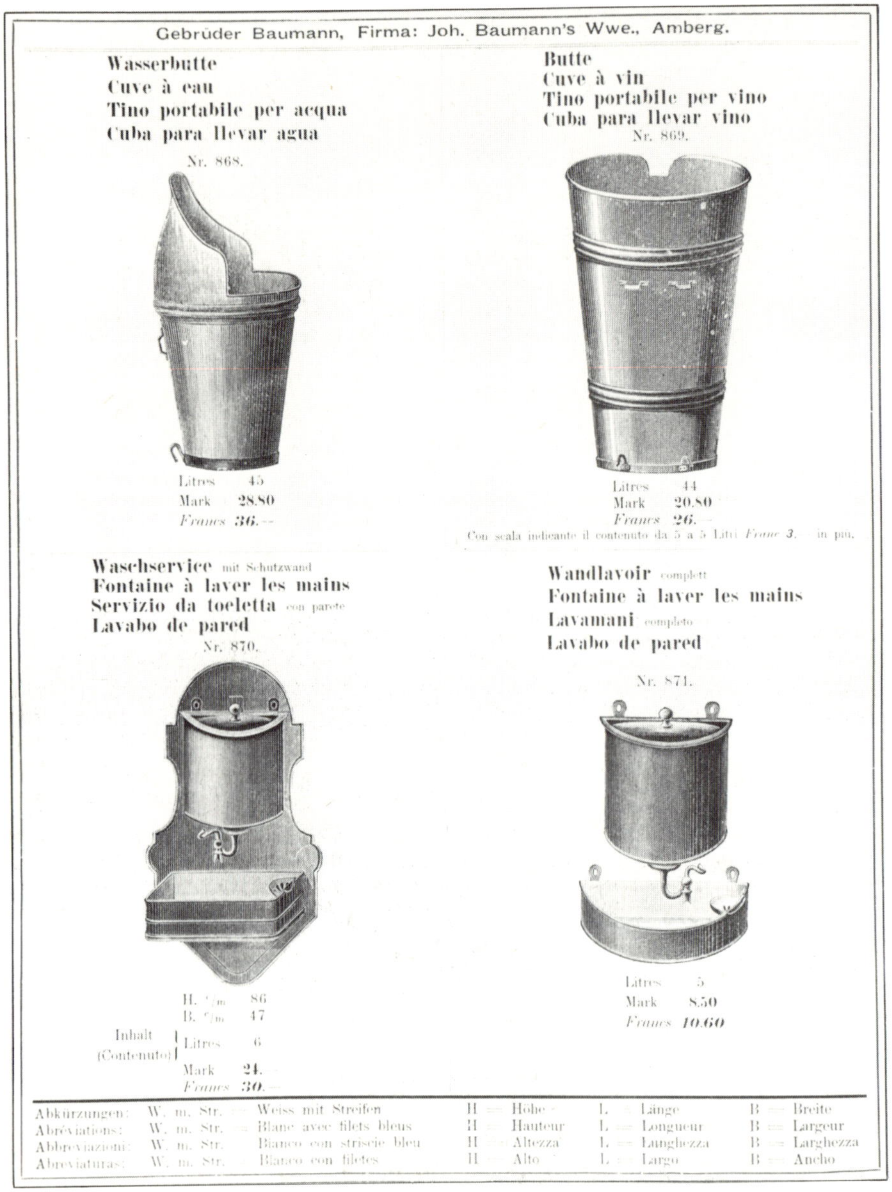

Gebrüder Baumann, Firma: Joh. Baumann's Wwe., Amberg.

Wasserbutte
Cuve à eau
Tino portabile per acqua
Cuba para llevar agua
Nr. 868.

Litres 45
Mark **28.80**
Francs ***36.—***

Butte
Cuve à vin
Tino portabile per vino
Cuba para llevar vino
Nr. 869.

Litres 44
Mark **20.80**
Francs ***26.—***

Con scala indicante il contenuto da 5 a 5 Litri *Franc* ***3.*** — in più.

Waschservice mit Schutzwand
Fontaine à laver les mains
Servizio da toeletta con parete
Lavabo de pared
Nr. 870.

H. c/m 86
B. c/m 47
Inhalt (Contenuto) Litres 6
Mark **24.—**
Francs ***30.—***

Wandlavoir complett
Fontaine à laver les mains
Lavamani completo
Lavabo de pared
Nr. 871.

Litres 5
Mark **8.50**
Francs ***10.60***

Abkürzungen:	W. m. Str.	= Weiss mit Streifen	H = Höhe	L = Länge	B = Breite
Abréviations:	W. m. Str.	= Blanc avec filets bleus	H = Hauteur	L = Longueur	B = Largeur
Abbreviazioni:	W. m. Str.	= Bianco con striscie bleu	H = Altezza	L = Lunghezza	B = Larghezza
Abreviaturas:	W. m. Str.	= Blanco con filetes	H = Alto	L = Largo	B = Ancho

Vielteilige Küchengarnitur mit ausgeprägter Jugendstilmusterung, ausgeführt in Schablonentechnik. Zum Set gehörten 5 Kannen und je 6 große und 6 kleine Vorratsdosen mit Deckel.
Zur Orientierung: Fettlöffelblech, B 30 cm, H 50 cm. Hersteller: unbekannt. >

< *Seite aus dem Katalog der Gebrüder Baumann, Amberg, aus dem Jahre 1892. Aus dem Begleittext wird ersichtlich, daß der Handel mit Emailwaren weit über die deutschen Grenzen hinaus ging. Die abgebildeten Gegenstände stammen aus dem 19. Jahrhundert, wurden aber noch lange im 20. Jahrhundert weitergeführt.*

Gewisse Farbtraditionen haben sich bis heute unverändert erhalten: sanitäre Gegenstände sind nun einmal weiß mit kobaltblauem Rand, wobei dieser Rand nicht zur Verschönerung, sondern als Randschutz seinen guten Dienst tat. Das sogenannte technische Email übernahm vom alten Schmuckemail die Aufgabe, den Dingen Farbe zu geben und damit neben dem Schutz auch eine gewisse Schönheit. Farben dieser Art entstehen beim Email z. B. aus der Beimischung von reinen

Eig'ner Herd
ist
Goldes wert

Verschieden dekorierte Fettlöffelbleche (durchschnittlich 50 cm hoch). Von hinten nach vorn: Rose gespritzt, in Schablonentechnik - blaues Schachbrettmuster, ebenfalls in Schablonentechnik mit aufgestäubtem Emailpuder - Konturen des Straußes und Beschriftung aufgedruckt, Strauß mit der Hand ausgemalt - Blumenstrauß auf dem hellblauen Löffelblech von Hand dick aufgetragen. Herkunft nicht gesichert. Wahrscheinlich stammt das Fettlöffelblech mit Schachbrettmuster aus Frankreich und die anderen Löffelbleche aus Deutschland.

Metalloxiden oder von keramischen Farbkörpern, festen Lösungen von Metalloxiden mit Kieselsäure und Tonerde.
Zur Verdeutlichung folgen einige Möglichkeiten aus der vielfältigen Farbpalette bei Verwendung eines Grundstoffes: Kobaltoxid - dunkelblau, Kobaltoxid mit Tonerde - lichtblau, Chromoxid - grün, Schwefelkadmium - gelb, Schwefelkadmium mit Kadmium-Selen-Verbindungen - rot, orange; Eisenoxid mit Nickeloxid - rotbraun; Kobalt-, Eisen-, Mangan- und Chromoxid - schwarz; mit Beigabe von Tonerde - grau.
Schwarz gilt zwar als traditionell für Gegenstände, die in unmittelbare Berührung mit Feuer und Kohle kommen, aber der in der Krise der 30er Jahre und schwierigen 50er Jahren nach dem zweiten Weltkrieg unternommene Versuch, solch schwarzes Geschirr mit weißer Aufschrift auf den Markt zu bringen, hat sich dann doch nicht durchgesetzt. Heute sind die wenigen Stücke aus dieser Periode wegen ihres dekorativen Effekts besonders begehrte Sammlerobjekte.
Im übrigen sollte man nicht vergessen, daß die Grundschicht von Geschirremail immer schon dunkel bis schwarz war. Das sogenannte Wolkenemail hat sich wohl am längsten gehalten. Wahrscheinlich ist es als Notlösung entstanden, weil die weiße Emaillierung für die Deckschicht anfangs noch zu viele Probleme aufwarf.
Dem Sammler ist sicher schon aufgefallen, daß in unserem Falle niemals weiß gleich weiß ist. Bei eventuellen Restaurierungen muß daher dem Kaltemail immer ein wenig Farbe beigemischt werden.
Bei den heutigen Herstellungsverfahren erreicht man dank der Farbkraft des verwendeten Materials auch ohne mehrmaliges Eintauchen in das Emailbad eine gute Farbwirkung. Viele Sammler möchten wissen, wie das interessante Wolkenemail zustande kommt. Erst eine Fabrikbesichtigung gibt in solchen Fällen eine echte Vorstellung davon, wie arbeitsintensiv auch bei dem heutigen Produktionsverfahren noch der ganze Vorgang ist. Und so betrachtet man danach das fertige Produkt mit doppeltem Respekt.
Die Emailstoffe werden mit dem Bindemittel Ton gemischt. Mit Wasser angerührt entsteht dadurch ein dicker Brei, der auf dem Gefäß haften bleibt. Ist die Flüssigkeit verdampft, so bleibt eine dünne Email- und Tonschicht zurück. Der Ton verbrennt im ersten Brand.
Nach diesem Brand wird auf die erste Emailschicht die zweite aufgetragen, auch diese meistens hellere Farbe ist immer deckend. In unserem Falle aber wird diese zweite Emailmasse - diesmal weiß - nicht zu einem Brei verdickt, sondern nur unter dauerndem Rühren mit Wasser verdünnt. Diese Flüssigkeit läuft nun in dünnen Rinnsalen abwärts über den dunklen Untergrund und bleibt dann irgendwo hängen. Wenn man jetzt den Gegenstand bewegt, hin und her, auf und nieder mit drehender Bewegung und diagonal in einer bestimmten Richtung,

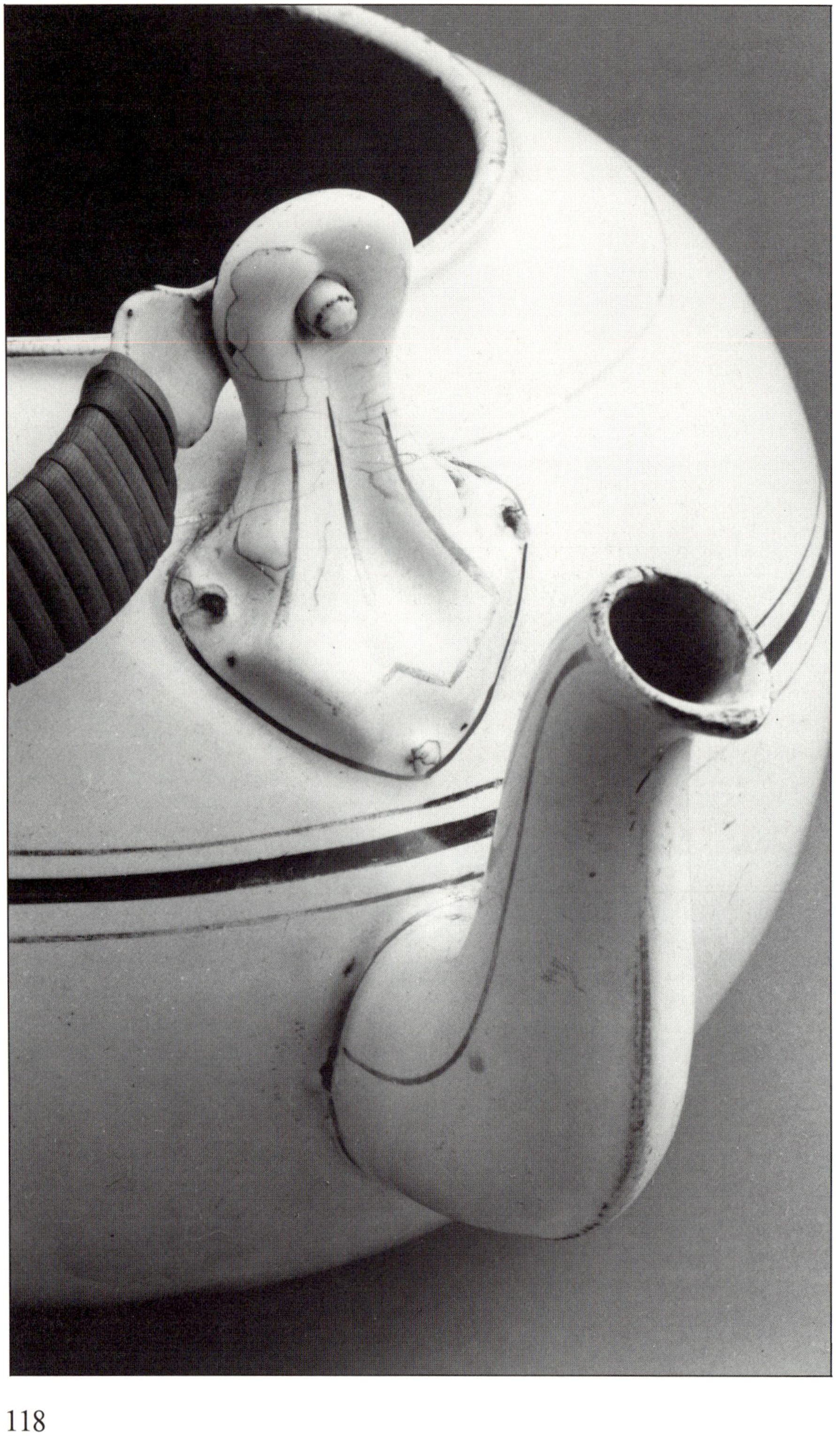

Detail einer Schokoladenkanne, weiß mit Goldbandverzierung, in der Form einer Teekanne, jedoch ohne Teesieb im Innern. Der Griff ist mit gespaltenem Rohr umwickelt. Fast alle Teile sind angeschweißt, nur die Zierösen als Griffhalter sind angenietet. Goltziusmuseum, Venlo, Holland.

Backschaufel, kobaltblau und weiß emailliert, Stiel geschmiedet und genietet. In der Größe zu den Löffeln am Löffelblech (Seite 116) passend.

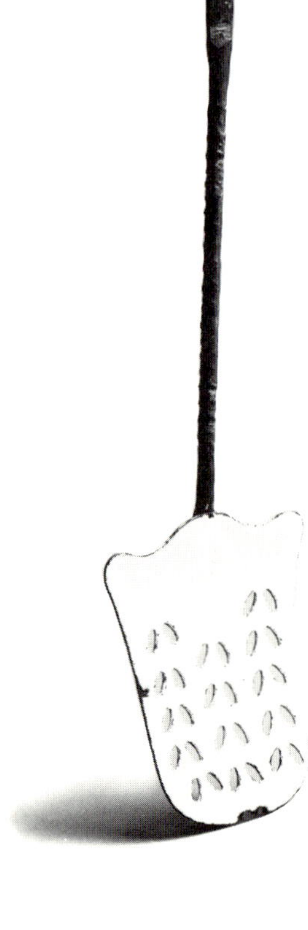

Zwei Milchkännchen mit Deckel aus einem Satz von 5 Größen. Außen schokoladebraun, innen weiß emailliert. In Holland als »Jacobakanne« bekannt. Zum Vergleich: hinten eine ca. 150 Jahre alte Keramikkanne (H 12,5 cm, ⌀ 8,5 cm). Goltziusmuseum, Venlo.

erzielt man ein Muster. Das Wasser wird weggeschleudert und die Emailmasse bleibt in Wellen- oder Wolkenform zurück. Der nun folgende Brand legt diese Muster für immer fest.
Prinzipiell kann man diese Technik bei allen Farben anwenden, aber nur mit weiß entsteht ein befriedigendes Resultat.
Eine derartige Schüttelarbeit stellt an den Arbeiter begreiflicherweise hohe Ansprüche, einmal an seine Körperkräfte, dann aber auch an seine Geschicklichkeit. Man darf ja nicht vergessen, daß es auch gewolkte

Waschzuber und Waschkessel gab. Ein kundiger Meister konnte an jedem Wolkenemailartikel sehen, wer ihn geschüttelt hatte. Heute übernimmt die Maschine die Arbeit auch bei diesem Verfahren, obwohl die Zahl der verkauften Artikel erst langsam ansteigt.
Diese Maschinen sind echte Nachahmungen der menschlichen Arbeitsweise und es ist interessant zu beobachten, wie sie mit ihren Greifarmen einen wahren Veitstanz aufführen. Zum Abschluß bekommt der Gegenstand dann noch eine farblose Glasur, die ihm einen weicheren Glanz verleiht.
Ganz anders erzielt man den Granit- oder Kleckseffekt: In das aufgetragene aber noch nasse Email werden von Hand oder mit einer maschinell rotierenden Bürste, die in weißes Email getaucht wurde, Kleckse aufgespritzt. Natürlich sind die Spritzer unterschiedlich groß.
Mehrfarbiger Marmoreffekt wird auf folgende Weise erzielt: Man spritzt durch mehr oder weniger feine Siebe die Farben auf das Blech

Puppenherd-Bräter, rund gegossen, hellbraun-weiß, (H 3,5 cm, Ø 9 cm). Die Marmorierung wurde wahrscheinlich mit einem Stöckchen oder mit einem Nagel erzielt.

Dekorierte sehr alte Wasserkanne mit Deckel, weiß emailliert. Die bunten Blumen sind in Keramikfarben handgemalt. Die Kanne hat einen schwarzen Rand, am Deckel einen Porzellanknopf, Henkel und Scharnier sind festgenietet (H 23 cm). Herkunft: Frankreich.

und erzielt durch das Verziehen der Siebe auf den noch nassen Farben eine Art Marmorisierung. Auch hier bedarf es großer Geschicklichkeit des Ausführenden. Bei verformter Oberfläche bediente man sich einer Art Kamm.
Die Technik des Marmorierens ist aber wieder grundverschieden von der geäderten Netzwirkung. Wie man die letztere genau ausgeführt hat, darüber gibt es zwar Theorien, aber die damit angestellten praktischen

Oben: Anzeige aus dem Industriellen Anzeiger des Gartenlauben-Kalenders von 1903.

Die Abbildung links ist stark vergrößert und zeigt eine zweiteilige Seifenschale, blau-weiß marmoriert. Zum Vergleich dahinter eine keramische Seifenschale.

Erprobungen in letzter Zeit verliefen bisher unbefriedigend. Man weiß nur, daß es sich um zwei verschiedenfarbige Emailmischungen handelt. Das regelmäßige Muster erinnert an das Drahtgewebe, wie man es von Kaninchenställen und Einkaufsnetzen her kennt. Vielleicht hat man ein ähnliches Sieb verwendet. Über den zweifarbigen Marmoreffekt weiß man mehr: Zwei verschiedenfarbige Emails, wovon das eine härter ist als das andere, werden durch Tauchen oder Spritzen aufgetragen. Bei der Einbrenntemperatur zwischen 820 und 900 °C haben beide einen verschiedenen Zähflüssigkeitsgrad (Viskosität) erreicht. Das untenliegende Email schießt durch das darüberliegende hindurch und ergibt so beim Einbrennen einen Marmoreffekt, der übrigens auch mit den verschiedensten Farben erreicht werden kann.

Übersicht der meistvorkommenden Farben
den verfügbaren Katalogen entnommen:

Deutschland

Baumann 1893:	Blau-weiß, weiß-weiß mit blauem Rand, grau gewolkt, braun-weiß, braun-weiß marmoriert, blau-weiß geädert,
1903:	blau-weiß, braun-weiß, onyx-gesprenkelt, rotbraun-weiß, demant-fleckig grau-weiß, wolkig grau-weiß, geädert grau-weiß, neublau-hellblau. Wenn nicht anders beschrieben, ist die Farbe innen und außen gleich. Für Waschgarnituren: lichtblau, rosa, elfenbein.
1929:	Dunkelblau, braun, onyx, demant, wolkiggrau, neublau, grün, weiß, geädert, terrakotta. Für Waschgarnituren: lichtblau, elfenbein.
Becker und Buchardi, 1895:	Blau, graugewolkt, weiß, netzmarmor, kupferbraun (nur Bundform).
Bellino, 1909:	Grau gewolkt, kobaltblau, kupferrot, weiß, marmoriert, geädert, flockig in verschiedenen Farben (Muster geschützt), granit-demant, neublau.
Annweiler, 1909:	Granit, kupferrot, wolkiggrau, dunkelblau, marmoriert blau-weiß, weiß, gefleckt, neublau, terrakotta, iris-feuergeflammt.
1928:	Granit, kupferrot, blau, neublau, wolkiggrau, weiß, blau-weiß marmoriert, iris (ist plötzlich terrakotta geflammt).

Gruppe von Gegenständen mit naturähnlichen Emaillierungen. Wahrscheinlich verdanken diese Muster ihre Entstehung dem Zufall beim Umgang mit dem noch flüssigen Email! So hatten dann diese Musterungen in den Katalogen auch Namen, die den Steinstrukturen entlehnt waren: Onyx, Demant, Granit und Marmor.
Die Milchkanne im Hintergrund ist sehr alt. Die Musterung entstand, indem man auf den weißen Emailuntergrund blaues Email durch geschicktes Hin- und Herschwenken aufspritzte (H 23 cm, ⌀ 15 cm). Rechts außen eine sehr alte mehrfarbige Kaffeekanne. Die Musterungstechnik ist trotz verschiedener Spekulationen nicht geklärt. Das Gleiche gilt auch für die Kaffeekanne links, die neueren Datums ist. Dieses Netzmarmor-Muster erschien aber in einer heute aktuellen Kollektion von Asta Ullrich und die Herstellungstechnik ist ein wohlgehütetes Geheimnis. Der Wandhalter für Trinkbecher und der Wandseifenhalter zeigen weitere Varianten der Marmorierung.

Gegenstände, die auf verschiedene Weise von Hand dekoriert wurden. Der Untergrund des hellgrünen Tabletts ist mittels einer Schablone von dunkel nach hell verlaufend gespritzt. In das ausgesparte Medaillon wurde von Hand in einer der Porzellanmalerei ähnlichen Manier eine Seeszenerie nach Vorbild (siehe S. 137) gemalt. Mit handgemalten Goldschnörkeln bekam das Medaillon seinen Rahmen. Die Goldinitialen deuten auf einen Spezialauftrag (L 39 cm, B 28,5 cm). Herkunft: unbekannt. Schräg hinter dem Tablett steht eine braune Kaffeekanne mit geometrischem Dekor, welches nach Musteraufdruck mit Emailfarben bestäubt bzw. von Hand ausgemalt wurde. Die Wasserkanne links außen ist auf die gleiche Art dekoriert wie das Tablett. Die deckellose blaue Kanne in der Mitte zeigt außer ihrem Schablonendekor gelbe Farbbänder, die mit Hilfe einer Drehscheibe von Hand aufgetragen wurden. Die weiße Zuckerdose und die hinter ihr stehende Wasserkanne mögen als Beispiel dafür dienen, wie mit zu Blumen angeordneten Farbklecksen oder -tupfen dekoriert wurde; eine Dekorationsart, welche unbegrenzte Möglichkeiten bot! In beiden Fällen wurde die Farbe mit der Hand aufgetragen.

Bing-Werke, 1930:	Weiß, neugrün, rosa, blau, granit, braun, neublau, grau gewolkt, dunkelblau, gelb, olivgrün, schokoladebraun.

Die Ausländer

B.K. Holland, 1919:	Blau, braun, weiß, grau gewolkt, rosa, olivgrün, elfenbein, dunkelgrün, blau-weiß marmoriert, braun innen granit.
1919/20:	Grau gewolkt, braun, dunkelgrün, hellblau, blau-weiß marmoriert, braun innen granit.
1930:	Grau gewolkt, braun innen granit, dunkelgrün, rot, stahlblau, (eine Art grünblau), blau, weiß (für Tafelgeschirr), schwarz (für Stielpfannen), terrakotta und purpur (für Kaffeekannen); ab 1930 wird das Terrakotta geflammt.
Yssel, Holland, 1927:	Grau gewolkt, weiß, grün, blau, hellblau, rosa, braun, blau-rosa-hellblau-grün-braun-weiß-marmor, grau, grau-weiß gespritzt, grau-weiß gewolkt, terrakotta, rot-schwarz, rot, gelb, blau-grün (türkis), orange.
Leopold & Cie. Frankreich, 1938:	Blau, türkis, kastanienbraun gesprenkelt, blau und bordeau marmoriert, hellgrün und koralle marmoriert, blau gewolkt, orange geflammt, terrakotta, croute (teigkrustenfarbig).

Bei der Bezeichnung blau ist, wenn nichts anderes hinzugefügt ist, immer kobaltblau gemeint.
Ausdrücklich sei hier noch vermerkt, daß in den Katalogen der angeführten Firmen fast immer Untersuchungsatteste beigefügt waren, wie z. B. aus der folgenden Seite eines Baumann-Kataloges hervorgeht: »Wir garantieren, daß unsere Emaillen und die Verzierung den gesetzlichen Vorschriften entsprechen. Unsere Emaillen sind durch die vorzügliche Qualität berühmt, sie enthalten keine schädlichen Beimischungen, springen von den Geschirren beim Kochen nicht ab und sind von höchster Säurebeständigkeit. Die stärksten Fruchtsäuren können in unserem Geschirr gekocht und aufbewahrt werden; auch zu chemischen Zwecken finden unsere Gefäße bewährte Verwendung.«
Damals wurde vor allem auf Blei- und Kupferrückstände geachtet. Heute erst weiß man, wie gefährlich Kadmium, das bei der Herstellung von rot emailliertem Geschirr verwendet wurde, ist. Deshalb sind besondere Sicherheitsmaßnahmen bei der Herstellung erforderlich – nach dem Brand besteht keine Gefahr mehr.

Links: Kaffeekanne hellblau, mit Emailfarben handbemalt, wahrscheinlich Teil einer Kaffeemaschine (H 20 cm). Neben der Kaffeekanne eine Chromolithografie oder Oblate, wie sie früher in Poesiealben geklebt wurde. Die Ähnlichkeit der Motive deutet darauf hin, daß sie von Vorlageblättern übernommen wurden.

Unten: Viereckiges Abtropfbecken, weiß, mit Handmalerei in Keramikfarben dekoriert. Das Stiefmütterchen-Motiv ist auf jeder Seite anders dargestellt. Die Seiten sind gefalzt, die Hohlfüße angenietet (L 42 cm, B 34,5 cm).

Dekorationstechniken

Wenn man nur die farbigen Abbildungen alter Firmenkataloge betrachtet, kann man sich von der Wirklichkeit der dargestellten Emailwaren kaum eine rechte Vorstellung machen, ganz gewiß aber nicht von ihrem reizvollen Dekor. Vergleichen wir diese unbefriedigenden Reproduktionen mit der Wirklichkeit, beispielsweise einer beigefarbenen Waschgarnitur, dekoriert mit Biedermeier-Blumensträußen, die wir im Schaufenster eines Antiquitätenhändlers entdeckt haben und die uns unwiderstehlich zum Kauf anlockt, mit ihrem Abbild im Katalog, so ist eine ähnliche Begeisterung schwer vorstellbar.
Auf einer der vier Seiten des Becker & Buchardi-Katalogs aus dem Jahre 1895 ist diese Garnitur abgebildet. Die Farben sind unkorrekt wiedergegeben und das Blumenmotiv ist unkenntlich. Das Dekor trägt keinerlei zum Kauf anreizende Bezeichnung, nur eine Kennziffer. Bei derartigen Abbildungen wurde wohl vom Einkäufer ein gehöriges Maß an Fantasie verlangt, wenn er sich an einem solchen Katalog orientieren wollte. Denn der Käufer eines solchen für die Dauer bestimmten Artikels war auch damals schon reichlich kritisch, kostete doch eine solche 7-teilige Garnitur 21,– Reichsmark, und die Konkurrenz war groß.

Der Katalog von Bellino & Cie. aus dem Jahre 1903 hat da schon mehr zu bieten. Hier sind die abgebildeten Gegenstände schattiert und erscheinen dadurch plastisch. Die Wiedergabe ist aufwendiger, das Papier glänzt beinahe so wie Email und es gibt sogar echte Goldfarben. Aber auch hier mußte der Betrachter noch vieles erraten, wenn er bei dem damaligen Stand der Reproduktionstechnik auch mit der Wiedergabe recht zufrieden sein konnte.
Welch ein Unterschied zu den Reproduktionen unserer Tage! Nehmen wir nur jede beliebige Postwurfsendung mit ihren Farbfotos oder die Abbildungen des vorliegenden Buches. Nur noch bei rein technischen Fotos gibt man sich heute mit der nüchternen, reinen Wiedergabe zufrieden. Bei der Werbung aber und jeder emotional motivierten Repräsentation hingegen wird schon vom Fotografen mit dem Spiel von Licht und Schatten der gezeigte Gegenstand von seiner Umgebung los-

Ein Satz Vorratsdosen, weiß mit bläulichgrauer Dekoration und blau-weiß handgemalten Porzellanknöpfen an den Deckeln. Beschriftung und Dekoration im Steindruck oder als Abziehbild.

Beachtenswert sind die individuellen Beschriftungen – jedes Wort ist mit einer anderen passenden Blütenranke versehen (H 20,5 cm, ⌀ 11,5 cm).
Herkunft: Frankreich.

gelöst und derart begehrenswert dargestellt, daß weder der Käufer noch der Sammler wesentliches aus eigener Fantasie beisteuern muß. In unserem Falle ist es dem Fotografen gelungen, zwischen nüchterner Wiedergabe und fantasievoller Verfremdung der Gegenstände den goldenen Mittelweg zu finden und bei der Wiedergabe von Gebrauchsgegenständen aus der Zeit von 1875 - 1930 sowohl dem sachlichen als auch dem subjektiven Betrachter gerecht zu werden.
In den beiden genannten Katalogen wurden nur die Kaffee- und Teegeschirre sowie die Waschgarnituren mit Dekorationen angeboten, alles andere war einfarbig, oder trug ein zeittypisches Deckemail wie im vorhergehenden Kapitel beschrieben.
Daß bei dem dekorierten Geschirr die weiße oder helle Grundfarbe überwog, läßt sich leicht aus der Absicht erklären, sich möglichst an Keramikvorbilder anzulehnen. Aus dem gleichen Grunde erklärt es

sich auch, daß man dem damals bevorzugten blauen Strohblumenmotiv – auch Indischblau und Petersilienmotiv genannt, – mit dem damals ganze Kücheneinrichtungen dekoriert wurden, auch beim Email so häufig begegnet. Nachweislich gehörte es zu den Kollektionen von Baumann, Stephan Nahrath und B.K. in Holland. Das waren aber nicht die einzigen, auch viele andere haben das Motiv verwandt und variiert, meistens im Druckverfahren, aber auch handgemalt. Einige Sammler haben sich auf handgemalte Stücke spezialisiert und einen besonders

Semmelhalter, weiß emailliert, hellblau mit keramischen Farben handbemalt. Die schwarze Beschriftung ist aufgedruckt. Die einzelnen Teile sind zusammengefalzt. Die Perforierung diente dazu, daß alte Brötchen gut austrocknen konnten, um zu Bröseln verarbeitet zu werden (Gesamthöhe 27 cm). >

< *Teekanne ohne Deckel, weiß, mit aufgedrucktem blauem Rosenmotiv (H 14,5 cm). Die Zuckerdose mit Deckel ist in derselben Weise dekoriert (H 10 cm). Die blauen Linien an der Tülle und der Firmenname, Japy Frères & Cie., sind von Hand gemalt. Herkunft: Frankreich, Goltziusmuseum, Venlo, Holland.*

feinen Blick für die Unterschiede entwickelt. Bewundern muß man den sicheren Schwung aus dem Handgelenk und die große Geschicklichkeit, mit der so eine blaue Ranke aufgemalt wurde. Die stilisierten Blüten wurden dann wahrscheinlich mit einem Stempel hinzugefügt. Wie aus einem Musterbuch der Firma Baumann, das zwischen 1910 und 1920 datiert, ersichtlich ist, verwandte man dort auch das heute noch begehrtere aber selten gewordene Zwiebelmuster.
Eine andere Gruppe von Sammlern aber richtete ihr Augenmerk vor allem auf die Gegenstände, die nur dem Emailgeschirr vorbehaltene Merkmale tragen: die leuchtenden Farben des Emailgrundes. Derartige Farbwirkungen konnten so leicht von keiner Porzellanindustrie in ihrer Brillanz erreicht werden, selbst wenn man es versucht hätte: Einige Porzellangefäße in billiger Ausführung, bei denen man mit ähnlichen Farben experimentiert hatte, zeigten schon nach kurzer Zeit die ersten Abnützungsstellen, z. B. bei Sammeltassen und Pflanzenübertöpfen.
Doch kehren wir zu der Entwicklung der Dekorationsverfahren zurück! Das letzte Jahrhundert liefert uns in allen seinen Druckerzeugnissen überreichlich Beispiele für seine unwahrscheinliche Verzier- und Dekorationsfreudigkeit und so wurde auch das Dekorieren der emaillierten Gebrauchsgegenstände nicht vergessen. Anfangs bemalte man sie, später wurden sie bedruckt. Man arbeitete mit Schablonen und verwendete Steindrucke und Abziehbilder als Umriß, die man dann mit der Hand kolorierte. Verlaufende Farbnuancen wurden gespritzt. Kurzum, die Hersteller richteten Dekor-Abteilungen ein. Leider überschätzten einige dabei ihre finanziellen Möglichkeiten, stellten begabte Künstler ein und experimentierten mit Farbkompositionen und einfallsreichen Motiven. Vielleicht wüßten wir heute mehr über die anonymen Maler, die so manchem Gegenstand ihren individuellen Stempel aufdrückten, wenn die betreffenden Firmen nicht in wirtschaftliche Schwierigkeiten gekommen wären.
So weiß man von einem Augenzeugen, der schon als kleiner Junge bei der Firma Baumann beschäftigt war und mit wachem Blick einen typischen Fall dieser Art beobachten konnte. Er berichtet von der Firmengründung eines Herrn namens Wuppermann, der oder dessen Familie schon in Norddeutschland ein ähnliches Unternehmen besaß (jedenfalls kommt der Name im europäischen Adressbuch der Emailindustrie vor), im benachbarten Haselmühl.
Wie man heute noch an einigen erhaltenen Stücken im Bergbau- und Industriemuseum sehen kann, stellte man dort bald ein schöneres Dekorgeschirr her als bei der Nachbarfirma. Die genannten Stücke tragen zwar kein Firmenzeichen, ihr Ursprung ist aber gesichert, weil sie aus dem Familienbesitz eines Mitarbeiters stammen.

Zwei Milchkannen unterschiedlicher Größe, wahrscheinlich zu einem der üblichen Sätze von 5 Kannen gehörig. Das danebenliegende Musterbuch wurde 1910–1920 von der Firma Baumann in Amberg verwendet.

GEBRÜDER BAUMANN
FIRMA: JOH. BAUMANN'S Wwe.

Waschgarnitur für den extravaganten Geschmack! Außen schwarz, innen elfenbeinfarben emailliert. Das chinesisch anmutende Dekor ist dick aufgetragene Handmalerei, gold schraffiert. Diese Garnitur war vermutlich ein Sonderauftrag und nicht für die Massenfertigung bestimmt (Kanne: H 28 cm, Ø 16 cm. Waschschüssel: H 11 cm, Ø 38 cm). Herkunft: unbekannt.

Interessanterweise soll übrigens in Haselmühl eine sehr kreative Näherin den anderen Frauen im Ort die Maltechnik beigebracht haben. Aber es half nichts, die Firma Wuppermann erlag trotz ihrer Leistungen dem schweren Druck der Konkurrenz.
Aus solchen unbekannten Orten stammen oft die schönen Gefäße, die auch heute noch vielerorts, gefüllt mit einem Wiesenblumenstrauß, dem Betrachter Freude machen.
Die geschickten Maler hatten ihre Motive begreiflicherweise im Regelfall nicht selbst erfunden. Ihre Fähigkeiten konnten sie im Nachmalen und Nachzeichnen von Druckvorlagen (Chromolithografien), wie sie damals in den schönsten Farben allenthalben käuflich waren, vervollkommnen. Man findet daher beim dekorierten Email die gleichen Motive, wie sie von Oblaten und anderem bedruckten Papier aus jener Zeit wohlbekannt sind. Schmetterlinge, Vögel und die einheimischen Garten- und Wiesenblumen, die zu Sträußen oder Girlanden gebunden sind, bilden die Hauptthemen.
Im Besitz der Firma Baumann befindet sich eine weiße Emailplatte mit buntem Blumendekor, die früher den Malern und Malerinnen als Vorlage diente, um sich mit der Wiedergabetechnik vertraut zu machen. Bei genauerem Betrachten der handgemalten Gegenstände erkennt man die individuellen Unterschiede der einzelnen Maler: Jeder hatte seine eigene Art, die Vorlage zu variieren, aber der Zeitaufwand pro Stück war festgelegt und Begabung und Fantasie nicht immer die gleiche. Diese feinen Unterschiede machen den Gegenstand für den Sammler so attraktiv.
Möglicherweise entwickelten die Firmen auch eigene Entwürfe, um der Konkurrenz bei der nächsten Messe um eine Nasenlänge voraus zu sein; aber dieser Nachweis der Originalität – und die gehört nun einmal zur künstlerischen Beurteilung – ist im Einzelfalle schwer zu führen. Die Tagesmode spielt mit und die Vermutung, daß es sich um Imitationen handelt, ist nie ganz auszuschließen.
Wo uns der Zufall entsprechende Vergleichsmöglichkeiten zuspielt, ist eine Imitation in einigen Fällen allerdings unzweifelhaft nachweisbar. Beispiele dafür finden sich im Farbbild auf Seite 126: Das grüne Tablett trägt ein Dekor, das dem einer Samson-Tabatière aus dem Jahre 1870 gleicht, und wirkt damit wie eine eitle Person, die etwas Besseres darstellen möchte. Aber auch die Samson-Tabatière trug nur eine Kopie, nämlich eine Szene, die ehemals eine Bilston-Tabatière zierte (vgl. »English Enamel Boxes« von Susan Benjamin S. 105).
Die schönsten bemalten Kaffeekannen wurden offensichtlich in Frankreich und Böhmen hergestellt. In beiden Ländern erwies es sich aber trotz intensiver Recherchen als unmöglich, die Namen der Maler in Erfahrung zu bringen, allenfalls noch die Orte ihrer Herstellung. Auch der

< Jubiläums-Bierkanne, weiß mit schwarzer Schrift, nach Vorzeichnung von Hand aufgebracht (H incl. Deckel 26 cm), Rechts: Sehr alter Wasserkrug, weiß, mit Fuß und Hohlhenkel, bunt handbemalt. Rand und Henkel sind schwarz (H 31 cm). Hersteller: Wuppermann, Haselmühle, keine Schutzmarke. Bergbau- und Industriemuseum, Theuern.

Streichholzschachtelhalter, hellblau (Gesamthöhe 15 cm), Petroleumkanne, hellblau (H 25 cm, Ø 12,5 cm), Teedose ohne Deckel, weiß, Teedose mit vernickeltem Deckel stahlblau und Sodabehälter rot emailliert. Alle Gegenstände sind mit Schablonen beschriftet.

Alter Wasserkrug, weiß, schwarzer Rand und Henkel, handgemaltes Motiv (H 31 cm). Keine Schutzmarke. Hersteller: Wuppermann & Co., Haselmühle bei Amberg.

Versuch, aus einem für das Herstellerland typischen Nationalgeschmack Schlüsse zu ziehen, mußte scheitern; er spielte offensichtlich keine Rolle.
Etwas weiter bringt uns schon die Auswahl der Motive, nicht nur im Hinblick auf das Herstellerland, sondern auch auf das Land der Käufer. So fahren viele holländische Händler bis weit nach Südfrankreich auf der Suche nach Emailstücken »französischen« Ursprungs, für die sich daheim eine ganz besondere Vorliebe entwickelt hat. Zwar zeigt sich

Links: Brotkorb, schwarz emailliert mit Blumendekor. Die Maltechnik ähnelt einerseits der Dekoration auf gelackten Papiermachédosen, andererseits einer gelackten Blechdose mit Perlmutt-einlagen.
Die Malerei, von geübter Hand aufgebracht, ist in Weiß und verschiedenen Grautönen gehalten und der Grisailtechnik ähnlich.

Rechts: Löffelblech und Zifferblatt für eine Küchenuhr, weiß, mit holländischer Landschaft in Blautönen im Steindruck-verfahren dekoriert. (Löffelblech B 30 cm, H 54 cm). Zur Ergänzung: Suppenkelle und Gewürzdosen aus Porzellan, im Dekor darauf abgestimmt. Holländische Landschaftsbilder waren ein Symbol für Sauberkeit und Hygiene.

Emaillierwerk Ch. Schweizer & Söhne G. m. b. H. Schramberg, Württ.
Wirtschafts-Waage
10 KILO
Haushalt-Waage
D.R.Patent.
146
147
148
149
152
153
154
155
158
159
160
161
cm
0 1 2 3 4 5 6 7 8 9 10
5
20
5
30
5
40
5
50

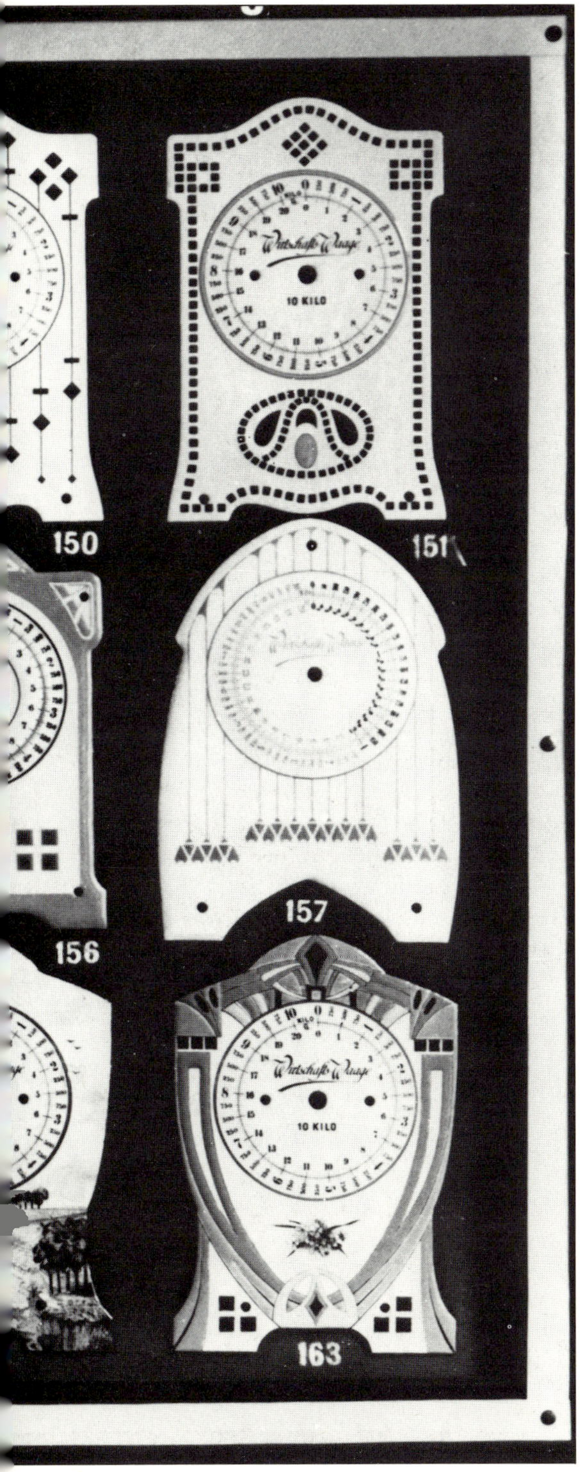

auch an diesen Stücken die gleiche himmelblaue Farbe wie bei dem Email deutschen Ursprungs, das Blumendekor unterscheidet sich jedoch deutlich. Im deutschen Sprachgebiet, bis in das Elsaß hinein, findet man eine ausgesprochene Vorliebe für bäuerliche Rosen, wie wir sie aus der Volkskunst des Biedermeier kennen. In Frankreich dagegen, wo das Landleben in der Zeit des Rokoko lieblich-zierlich hochstilisiert worden war, liebt man Röschenranken und Gestecke, die mit Goldschnörkeln verziert sind. Aber diese Unterschiede im Käufergeschmack sagen über das Fertigungsland, wie schon erwähnt, recht wenig aus.

Auch die sogenannten »holländischen Motive« lassen keine Schlüsse auf das Ursprungsland zu, ja nicht einmal auf die Länder, in denen die Käufer zu suchen waren.

Delfter Kacheln waren über ganz Europa verstreut und das blaue Motiv auf weißem Grund war für viele Menschen ein Begriff für Sauberkeit. So standen dann auch die Windmühlen- und Segelschiffmotive Pate für so manches Emailgeschirr. Manchmal, aber nicht immer, geben uns auch die verschiedenen Techniken, mit denen die Ornamente aufgetragen wurden, brauchbare Hinweise auf das Herstellerland und den Fertigungsort:

Schon die erwähnten verschiedenen Rosen- und Blumenmotive zeigen unterschiedliche Maltechniken: Die Biedermeierrosen haben meistens einen glatten, flachen Farbauftrag (keramische Farben), im anderen Falle ist der Farbauftrag dick und plastisch (Emailfarben). Der Malfondant ist nicht in den Untergrund eingeflossen und man kann seine Erhebungen mit den Fingern fühlen. Es gibt böhmische Gläser mit ähnlichem Effekt. In den Augen vieler Sammler erhöht diese Technik den Charme des Gegenstandes.

Dann gibt es noch die Bemalung mit ebenfalls dick aufliegenden Tupfen. Vielleicht hat sie ein Schlaukopf erfunden, um sein schwaches Maltalent zu verbergen? Oder verdankt sie ihren Ursprung einem Versehen? Jedenfalls erfordert sie eine sehr umsichtige Flächenaufteilung. Obwohl man mit diesem Dekor auch primitive Blütenornamente darstellen kann, wird er doch überwiegend dazu genutzt, den oberen Rand oder die Gefäßmitte mit einem geometrisch angeordneten Tupfenband zu verzieren.

Tafel mit Skalenblättern von Haushaltswaagen, Dekorationen nach Steindrucken. Ch. Schweizer & Söhne, Schramberg (um 1900).

Wie schon erwähnt, gehörten auch farbige Bänder und Einfassungen sowie das Akzentuieren von eingestanzten Ornamenten mit Goldlinien und Tupfen zur Handmalerei. Aber auch die Schablonendekoration, bei der man oft durch übereinanderliegende Motive und Farben besondere Effekte erzielte, erforderte viel Geschicklichkeit und eine ruhige Hand. Genauso gehörte das Beschriften und das Anbringen von Schutzmarken auf dem Boden der Gefäße zu den Arbeiten im Dekorationsraum. Erst viel später wurden diese Arbeiten mechanisiert und nur noch das Auflegen und Andrücken der speziell präparierten Abziehbilder geschah manuell. Die Motive auf dem Abziehpapier bestanden und bestehen übrigens aus keramischen Farben (Metall-, auch Edelmetallverbindungen, mit Glasflüssen versetzt). Beim Einbrennen derselben verbrannte das Papier dann restlos. Vielleicht können wir dem Leser mit den vorliegenden Illustrationen auch das Charakteristi-

Λ *Butterdose, blau-weiß-braun marmoriert, schwarzer, gebördelter Rand. Der Deckel fehlt (H 7 cm, Ø 15,5 cm). Herkunft: vermutlich Frankreich.*

Kanne und Seiher weiß, mit Linien und Ranken, handgemalt. Für das beliebte Petersilien-Motiv, auch Strohblumen- oder Indisch-Blau-Motiv, wurden Schablonen oder Stempel benützt (Kanne H 23 cm, Seiher Ø 27 cm). Goltziusmuseum, Venlo. >

< *Pfannkuchenteller, tannengrün emailliert, mit weißer Steindruck-Dekoration verziert. Das Weiß ist reliefartig erhaben, wahrscheinlich weil die weiße Farbe durch eine Art Schablone gebürstet wurde. Evtl. auch durch Seidenpapierdruck dekoriert.*

Sehr frühe Kaffeekanne. Der konisch ausgeschnittene Blechkörper wurde zusammengenietet. Der Henkel besteht aus einem Blechstreifen, die Tülle aus zwei zusammengefalzten Hälften. Den Deckelknopf bildet eine gußeiserne Eichel (H 22 cm).

sche der einzelnen Dekorationstechniken vermitteln, soweit es auf diese Weise vermittelt werden kann. Die erforderliche Erfahrung entsteht aber doch erst beim Studium am Objekt und das ist beim Einkauf nicht ohne Bedeutung: Selbst erfahrene Händler orientieren sich ausschließlich am Motiv, ohne den Unterschied zwischen Druck und Handmalerei zu bemerken.

Die folgenden Informationen sind für diejenigen Leser gedacht, die genaueres über die Dekorationstechniken erfahren wollen. In manchen Detailfragen dieses Spezialgebiets tappen aber selbst versierte Techniker noch im Dunkeln.

1. **Die Porzellanmalerei.** Man unterscheidet die Aufglasur- und die Unterglasurmalerei. Die in beiden Fällen verwendeten feingemahlenen Emailfarben werden auf einer Glasplatte mit Dicköl angemischt (Dicköl = eingedicktes Terpentinöl, Nelkenöl, Lavendelöl oder auch Spiköl). Mit verschieden dicken Pinseln wird dies Malmedium auf einen eingebrannten Emailuntergrund aufgetragen und nach dem Trocknen eingebrannt. Aufglasurfarben erhalten ihren Glanz bei einer Temperatur

Zwei Kannen, weiß, mit Steindruck dekoriert. Die Wasserkanne mit holländischer Beschriftung ist 18 cm hoch und hat einen Durchmesser von 11 cm.

von 800 – 840 °C. Unterglasurmalerei bleibt nach dem Brennen matt. In einem weiteren Arbeitsgang wird die Malerei mit Transparentemail überzogen (getaucht oder gespritzt) und nach abermaligem Trocknen eingebrannt. Dadurch erhalten die Farben ihr Feuer.

2. **Dickaufgetragenes Schmelzdekor.** Auf einem geeigneten Papier, das sich auch bauchigen Gefäßen anschmiegen läßt, wird das Motiv mit

Bleistift vorgezeichnet und mit Schnittmusterrädchen durchstochen. Durch die feinen Löcher dieser Schablone wird nunmehr mittels eines Bausches Graphitpulver auf den Gegenstand aufgebracht. Die so übertragenen Konturen werden mit einer Fettfarbe von Hand nachgezogen. Die aufzutragenden pulverisierten Emailfarben werden mit Wasser und einem sogenannten Stellmittel (Gummitraganth, Ton, Kolloidalen oder Kieselsäure) angedickt.
Mit einem Pinsel oder einem Gummiball, in den mittels einer Kanüle der Emailfarbenbrei eingesaugt wird, erfolgt dann der Auftrag der Farbe. Nach dem Trocknen wird sie eingebrannt. Die wasserabstoßende Fettfarbe verhindert das Auslaufen des erhabenen Edeldekors. Jede Farbe muß getrennt aufgetragen werden, Überschneidungen sind

Waschgarnitur, hellblau, mit Blumendekor im Lithodruck, Goldeinfassungen und Streifen. Die Vielfalt der Formen wird hier besonders deutlich.
Von links nach rechts: Wasserkrug (H 22 cm), daneben eine Wasserkanne (H 41,5 cm), daneben ein Wasserkrug mit Aufschrift (H 24 cm) und ein Toiletteneimer (H 35,5 cm).
Bergbau- und Industriemuseum, Theuern.

Weitere Teile der Waschgarnitur auf Seite 148/149: Zahnbürstenschale (L 22,5 cm), Waschschüssel (H 13 cm, ⌀ 40 cm), Kerzenleuchter (H 16,5 cm). Bergbau- und Industriemuseum in Theuern (Ostbayern).

nicht möglich, es sei denn, daß man einen Zwischenbrand einschaltet.- Die Fettfarbenkontur kann von Hand, aber auch im Druckverfahren aufgebracht werden.

3. **Seidenpapierdruck.** Dabei werden Fettfarben von Lithographiesteinen per Hand oder Schnellpresse abgenommen. Wie bei Abziehbildern werden die Seidenpapierabzüge mit der Farbseite auf den Gegenstand aufgelegt, die unbedruckte Seite mit einem Schwamm befeuchtet und mit Gummirollen angedrückt. Das Seidenpapier kann abgezogen werden und die fette Farbe bleibt auf dem Gegenstand haften. Diese wird dann mit feinem Emailfarbpuder eingestäubt, getrocknet und eingebrannt. Wie unter 1. beschrieben, können Auf- und Unterglasurfarben verwendet werden. Bei diesem Verfahren benötigt man für jede einzelne Farbe einen gesonderten Brand, da sonst Mischungen entstehen würden. Erst beim letzten Farbbrand wird, wie unter 1. beschrieben, der Glanz aufgebracht.

4. **Stahldruck.** Bei diesem Verfahren werden die Motive in Stahlplatten eingraviert. Die Emailfarben werden als dicke Paste mit einem Rakel oder bei kleineren Motiven mit einem Spachtel auf die Stahlplatte auf-

tragen, die überflüssige Masse wird abgekratzt. Die in den Rillen verbliebene Farbe wird ähnlich wie beim Seidenpapierdruck abgezogen und durch Abrollen auf den Gegenstand übertragen.

5. **Stahldruckübertragung mittels Gelatine.** Diese Technik kann man nur bei flachem Untergrund, z. B. bei Zifferblättern anwenden. Der Druckträger mit der eingefärbten Stahlgravur befindet sich auf einem Schlitten. Zuerst wird der Schlitten unter den Gelatinetampon geschoben und die Farbpaste von diesem abgenommen. Dann fährt man den flachen Gegenstand mit dem Schlitten unter den Tampon, der so die Farbe auf den Gegenstand überträgt.

Im weiteren erfolgt bei 4. und 5. das Trocknen und der Farbbrand, wobei die Drucköle verbrennen und die Emailfarben auf dem Grund haften. Diese Druckverfahren erlauben das Auftragen mehrerer Farben ohne Zwischenbrände und nach dem jeweiligen Zwischentrocknen das Einbrennen aller Farben in einem einzigen Farbbrand.

6. **Spritzdekore.** Dabei werden die Emailfarben mit Wasser und Gummiarabikum zu einer spritzfähigen Paste angedickt. Die Farben müssen zuvor in kleinen Porzellanmühlen sehr fein gemahlen werden, um eine gleichmäßige Mischung zu erzielen. Der Dekor wird mit Bleistift auf eine Unterlage gezeichnet oder gedruckt. Für jede einzelne Farbe wird eine Stanniolschablone geschnitten, die diejenigen Flächen abdecken soll, die keinen Farbauftrag erhalten. Jetzt wird jeweils ein Farbauftrag gespritzt, getrocknet und ein neuer Auftrag kann erfolgen. Nach dem jeweiligen Trocknen bleiben die Farben durch das Gummiarabikum kratzfest. Auch Überdeckungen, Farbmischungen sind möglich (blau + gelb = grün beispielsweise). Verschiedene Effekte können auch durch Regulierung des Farbstrahls erzielt werden.

Eine Bleischablone der Firma Baumann aus dem Jahre 1903 existiert übrigens noch. Sie ist aus dünnem Bleiblech, weil dieses sich leicht schneiden und auch um gebogene Körper legen läßt. Der obere Rand dieser Schablone ist in regelmäßigen Abständen je 1 cm weit eingeschnitten, so daß man sie um die Borde legen konnte, ohne eine Verschiebung befürchten zu müssen. Diese Einschnitte brachte man übrigens auch bei Griffen und Tüllen an.

7. **Abziehbildertechniken.** Spezialfirmen lieferten fertige Abziehbilder mit keramischen Farben, die man auf die bekannte Weise durch Abrollen und Verwendung von Wasser auf den Gegenstand übertrug. Außerdem gibt es sog. Schiebebilder. Die keramischen Farben werden auf eine Gelatineschicht gedruckt, wobei das Papier als Träger dient. Das Motiv wird aus dem Druckbogen herausgeschnitten und in Wasser aufgeweicht. Dabei löst sich die bedruckte Gelatinefolie vom Papier und kann nunmehr glatt auf den Gegenstand mittels Andrücken und Anrollen aufgetragen werden. Abziehbilder lohnen sich aber nur bei größe-

Gedruckte Vorlagen für Malentwürfe (Chromolithografien).

Blatt III
I. Preisselbeere,
II. Wilde Rose,
III. Pfirsich,
Blatt III

CAFE
Café
CAFÉ

Drei verschiedene Kaffee-Vorratsdosen, zwischen 18 und 20 cm hoch. Die Dose links hinten hat eine dick aufgetragene Handbemalung und -beschriftung. Malerei und Schrift auf der Dose rechts hinten zeigen die Technik der Porzellanmalerei. Die Dose im Vordergrund ist auf bäuerliche Art mit schnellem Pinsel bemalt (Keramikfarben). Die Beschriftung hingegen erfolgte im Steindruckverfahren.

ren Serien, da sonst ihre Herstellung in den Druckereien zu aufwendig ist.

8. **Golddekorationen.** Es gibt zwei Methoden: Das Malmedium ist ein unansehnlicher brauner Puder, der mit Lavendel- oder Nelkenöl angemacht wird und flüssig ist wie Tinte. Die Goldverzierung auf Emailgeschirr erfolgte nach dem zweiten Brand. Für den dann anschließenden dritten Brand bei ca. 700 °C hatte man einen extra kleinen Ofen und eine kürzere Brennzeit. Viel Gefühl und Erfahrung spielte bei diesem Brennvorgang mit, denn die ätherischen Öle mußten erst abrauchen, bevor sich ein einwandfreier Goldeffekt einstellte. Bei den meisten alten Stücken ist das Golddekor leider kaum noch sichtbar. Daß es aber wahre Künstler in der Ausführung dieser Technik gab, zeigen Einzelstücke, die ihre glänzenden Goldbänder noch unverändert erhalten haben. Diese Ränder und Bänder wurden auf einer Drehscheibe aufgetragen, wobei der Dekorateur die Hand aufstützte, mit der er den Pinsel hielt, während der Gegenstand rotierte.

Bei der zweiten Methode arbeitet man mit Pudergold. Zunächst wird nach einem der oben beschriebenen Verfahren der Fettdruck angebracht, der sodann mit Pudergold eingestaubt wird. Nach den Trocknen kann man das überflüssige Pudergold entfernen, da dieses nur am Fettdruck haftet. Nach dem Abrauchen der Fettfarbe wird das Pudergold eingebrannt, bleibt dann aber matt.

Eine kleine Warnung scheint hier angebracht: Die Golddekors auf altem Emailgeschirr sind nicht spülmaschinenfest.

Die Beschriftung von Vorratsdosen und anderen Spezialgefäßen wurde auch mit den oben beschriebenen Dekorationstechniken ausgeführt. Man malte sie auf den Gegenstand, nachdem man mit Seidenpapier vom Original einen Durchschlag gemacht hatte, oder arbeitete mit Druckverfahren oder mit Abziehbildern. Die Schutzmarken auf der Unterseite der Gefäße wurden entweder mit Schablonen und Puderemail oder mit einem Gummidruckstempel angebracht.

Sammlerleidenschaften

Sammeln ist heute zu einer der schönsten Freizeitbeschäftigungen geworden. Einst eine Domäne der Reichen, die seit den Tagen der Renaissance mit Kunst-, Waffen- und Kuriositätensammlungen den Anfang machten, ist die Sammeltätigkeit heute ein Gebiet, auf dem sich jedermann betätigen kann, auch bei bescheidenen Mitteln, unabhängig von Bildung und Alter. Es wäre einmal faszinierend, die Entwicklung der Sammeltätigkeit der letzten Jahrzehnte in ihren Wandlungen zu verfolgen, denn ganz offensichtlich wählt sich auf diesem Gebiet jede Generation aufs neue ihre Themen, mit denen sie unbewußt ihren eigenen Stil zum Ausdruck bringt.
Daß dieser Themen- und Generationswechsel sich stetig beschleunigt, daß man gerade den Alltag der Vergangenheit zum Sammelobjekt macht und dabei der Gegenwart immer näher rückt, wird jeder Kenner bestätigen, der mit dieser Materie vertraut ist.
So darf es uns nicht verwundern, wenn wir feststellen müssen, daß sich manche Händler bereits auf Gebrauchsgegenstände der 50er Jahre spezialisieren. Wir entdecken, daß gerade diese Gebrauchsgegenstände den unverwechselbaren Stempel der Nachkriegszeit tragen. Und wenn wir einem enthusiastischen Sammler begegnen, der unter dem einen Arm einen kleinen Nierentisch trägt und unter dem anderen ein plastikummanteltes Drahtgestell für Blumentöpfe, dann sollten wir nicht gleich verständnislos die Nase rümpfen. Dieser Mann hat früher als wir begriffen, daß diese Gegenstände schon endgültig der Vergangenheit angehören und daß es bei unserer weitverbreiteten Wegwerfmentalität bereits höchste Zeit ist, sich dieser unscheinbaren Gegenstände anzu-

Mit Farbbändern verziert: Wasserkessel, weiß mit hellblauen Bändern und goldenen Linien (H 18 cm). Dreiteilige Kaffeemaschine, weiß, mit blauem Banddekor und Goldlinien (H 22 cm). Schutzmarke: Exikador, St. Servais/ Belgique. Rechts außen Stövchen mit Deckeltöpfchen, weiß, mit hellblauen Bändern und dunkelblauen Linien. Zum Erwärmen und Warmhalten von Kindernahrung gedacht (H 22 cm). Bier-Untersetzer, weiß, mit roten Linien.

< *Fondue-Öfchen, kobaltblau. Im Fuß eine Öffnung für den Spiritusbrenner, im Innern befindet sich ein Schornstein. Alle Griffe aus Eisendraht (H 24 cm, ⌀ 24 cm). Bergbau- und Industriemuseum, Theuern.*

Bowlenlöffel, weiß, mit leicht gebogenem Hohlstiel, Länge 30 cm, Löffelbreite 4,5 cm. Ein holländischer Speziallöffel für »Boerenjongens« (Rosinen mit Branntwein).

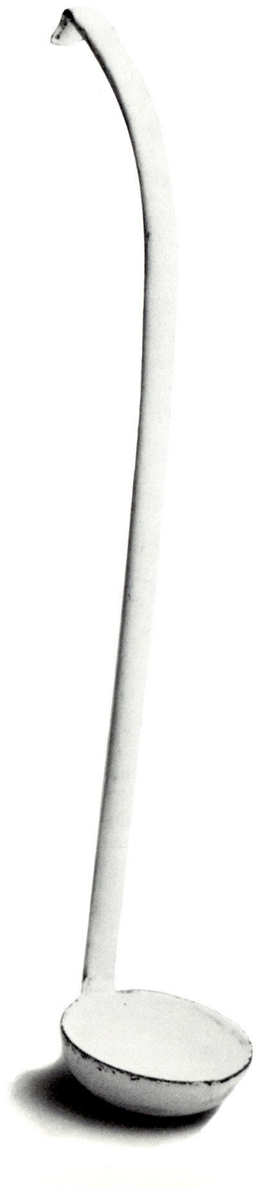

nehmen, bevor sie ganz verschwunden sind. Es hat doch, recht besehen, etwas ungemein Beruhigendes für unseren Ordnungssinn, daß durch derartige Sammeltätigkeiten, in unserem Falle auch durch das Sammeln von Email aus der Epoche der teilweise noch handgefertigten Massengüter, gerade im Detail manches der Obskurität und Vergessenheit entrissen wird, was wesentlich zum Verständnis dieser Epoche beitragen kann.
Ob sich wohl all' die vielen Sammler aus Leidenschaft immer über diese Zusammenhänge im Klaren sind? Zweifellos bewegt sich ihr Tun noch im kreativen Vorfeld. Die Vergangenheit heißt ihr Thema und damit trennt sie schon die selbstgewählte Aufgabe vom echt kreativen Menschen, der ja durch und durch der Gegenwart verhaftet ist und – gestehen wir es ruhig ein – in der Regel keinen guten Sammler abgibt. Er will Neues schaffen und es widerstrebt ihm daher, sich länger mit Dingen zu befassen, die andere »schon viel besser gemacht haben«.
Den echten Sammler dagegen reizen gerade diese Dinge in ihrer Unnachahmlichkeit und Unwiederbringlichkeit. Bei ihm ist Leidenschaft

Zwei Kaffeekannen, die linke mittelgrün. Die Konturen des Motivs wurden als Ruß-Öl-Gemisch mittels Seidenpapier vom Entwurf auf das Gefäß übertragen und verbrannten unsichtbar. Handgemalte Linien an der Tülle (H 23,5 cm). Kanne rechts: Weiß mit Handmalerei und Goldlinien.

im Spiel und alle Sinne, das Sehen, der Tastsinn und der von vielen geleugnete »sechste Sinn«, von dessen Vorhandensein er restlos überzeugt ist. Gerade dieser sechste Sinn hat ihm ja schon zu so vielen außergewöhnlichen Stücken verholfen.

Beim Sammeln von Küchengeschirr – und damit komme ich wieder zu meinem Thema – spielt außerdem auch der Geschmackssinn eine Rolle. Hier zwingt jeder neu erworbene Gegenstand zu Assoziationen mit den vermuteten Speisen und Getränken, für die er einmal hergestellt wurde.

Titelblatt des Katalogs der Firma Gebrüder Baumann, Amberg, aus dem Jahre 1892.

Doch mit diesen Vermutungen und Assoziationen gibt sich der Sammler selbstverständlich noch lange nicht zufrieden. Er möchte mehr wissen, über den Verwendungszweck, die Herstellung und die Vorgeschichte seines Emailgeräts und noch vieles mehr. So kommt er dann ganz logisch dazu, nicht nur die Geräte zu sammeln, sondern auch alte Kochbücher und sonstiges Informationsmaterial.
In alten Kochbüchern finden wir oft recht wertvolle Hinweise über Küchengeräte und ihren Gebrauch. So fand ich in dem alten Stuttgarter Kochbuch der Friederike Louise Löffler aus dem Jahre 1904 folgende

Titelblatt des Katalogs aus dem Jahre 1903; beim Einbandentwurf ist deutlich die Verwendung von Jugendstilmotiven zu erkennen.

Unten: Milchkanne, achteckig, hellblau bis dunkelblau getönt, mit Spritztechnik im Stil des Art Déco abstrakt dekoriert. Die Form wurde gezogen, der Handgriff, zwei Hohlröhrenteile, spitzwinklig zusammengeschweißt (H 24 cm).

Sätze über unser Emailgeschirr: »Außerdem erfreut sich aber auch das durch seine rasche Erwärmung äußerst praktische Geschirr aus glasiertem oder emailliertem Eisenblech großer Beliebtheit. Man kennt es in jeder Haushaltung, aber die Hausfrau sollte sich nicht verleiten lassen, es der Billigkeit nach zu kaufen, da dies beim Gebrauch große Nachteile hat. Gutes Emaillegeschirr dagegen bleibt bei sorgfältiger Behandlung sehr lange tadellos erhalten. Als das beste Emaillegeschirr gilt jetzt in Deutschland das Amberger Emaille der Gebrüder Baumann. Die Emaillierung von Baumanns Geschirren ist chemisch rein, ungemein hart, dabei aber so feuerfest und zäh, daß kalte Geschirre unbedenklich auf das Feuer gestellt und erhitzte plötzlich abgekühlt werden können.«

Lassen wir das hohe Lob der Firma Baumann einmal beiseite – in vielen alten Kochbüchern sind mir schon bei den verschiedensten Markenartikeln Werbetexte begegnet –, so erfreut es uns doch ganz besonders, wenn wir von einer so küchenerprobten Autorin so viel Gutes über unser Emailgeschirr vernehmen.

Aber uns interessiert ja nicht nur der praktische Gebrauch unserer Sammelgegenstände. Genau so wichtig sollten wir auch alles nehmen, was wir über ihre Herstellung erfahren können.

Obwohl die technische Seite der Produktion von Emailgeschirr wirklich keine Geheimnisse birgt, finde ich es doch erstaunlich, wie wenig die meisten Sammler darüber wissen. Nur diejenigen, die einmal an einem Hobbykurs für emaillierte Ziergegenstände teilgenommen haben, können sich eine Vorstellung davon machen. Viele Laien denken, daß das eiserne Gefäß mit einer glasähnlichen Haut überzogen ist, die bei einer Beschädigung fortschreitend abblättert. Sie sind bei näherem Zusehen baß erstaunt, daß das Email rings um die lädierte Stelle so überraschend gut haftet. Ich halte es daher auch in diesem Falle für wichtig, Fachliteratur und Schriftstücke, die mit unserem Sammelgebiet zu tun haben, mit einzubeziehen. Das ist deshalb doppelt bedeutsam, weil die deutsche Emailindustrie im letzten Krieg viele Unterlagen und Fachliteratur verloren hat. Umso dankbarer bin ich daher für alles, was mir von den angeschriebenen mehr als 60 Jahre alten Firmen auf diesem Gebiet zur Verfügung gestellt wurde.

Ansonsten empfiehlt es sich, am Objekt seine Studien zu treiben, und erstaunlicherweise begegnet man da so manchem Hinweis. Zum Beispiel taucht auf der Schutzmarke mit dem Baumann-Löwen immer wieder eine zweistellige Zahl auf. Es handelt sich hier um das Herstellungsjahr des Gegenstandes – allerdings chiffriert! Steht zum Beispiel die Seriennummer 92 da, so bedeutet das, daß das Gefäß 1929 hergestellt wurde. Ob diese Chiffre auch bei anderen Fabriken üblich war, ist nicht bekannt.

Küchengeschirr im »Delft-Dekor«. Die Mandelmühle ist aus zwei verschiedenen Fabrikerzeugnissen zusammengesetzt. Die eigentliche zylinderförmige Reibe besteht aus verzinntem Eisenblech, desgleichen das Gehäuse. Letzteres ist samt angelötetem Trichter emailliert. Kurbel und Vorsatzteil und die Befestigungsschraube bestehen aus Gußeisen. Es fehlt noch ein weiteres Fabrikprodukt: der hölzerne Druckklotz. Wie man sehen kann, konnte man das Dekor der Mandelmühle passend zur übrigen Küchengarnitur wählen. Auf weißem Grund ist in kobaltblauer Farbe das typisch holländische Landschaftsbild zu sehen: Windmühlen und Segelschiffe, ausgeführt in Porzellanmalerei mit keramischen Farben. Dieselbe Maltechnik finden wir auch auf der Sand-Seife-Soda-Etagère wieder (H 12 cm, B 38,5 cm).

SEIFE

2.Ltr.
Melk
Petroleum.
1L.

Stilleben aus den schönsten Stücken einer Sammlung von kobaltblau-emailliertem Küchengeschirr. Schon sehr früh begann die Herstellung von Emailartikeln in dieser Farbe. Die Landbevölkerung Europas bevorzugte dieses Blau, während man in der Stadt und bei sanitären Artikeln dem weißen Email den Vorzug gab. Die kobaltblaue Emaillierung – stets mit weißer Beschriftung – ist in ihrer Leuchtkraft unnachahmlich. Die abgebildeten Gegenstände zählen zu den frühesten Stücken, wie man an den angenieteten Tüllen, Handgriffen und Henkeln deutlich erkennen kann. Im Hintergrund sieht man drei Petroleumkannen mit unterschiedlichem Fassungsvermögen (größte Kanne: H 39 cm, ∅ 16,5 cm). Links eine Milchkanne, zwei Trichter. In der Mitte ein Seiher zum Aufhängen mit zwei Ohren, darin eine Mehlschaufel. Links auf dem Fischseiher liegen ein Reisball (zweiteilig mit Scharnier und Verschluß), sowie ein kleiner Deckeltopf mit gußeisernem Knopf. Rechts daneben ein bombierter Kessel mit Deckel. Die gußeisernen Knöpfe in Eichelform auf den beiden Deckeln geben einen Hinweis auf das Alter dieser Gegenstände. Rechts außen ein Bouillonsieb mit Holzstiel und auswechselbarem Siebteil. Davor ein Wursttrichter. Unten, links ein Rahmschöpfer, darunter ein Löffelhalter mit 9 Löchern, ferner rechts davor ein Handleuchter.

Die reiche Fülle des Vorhandenen machte es möglich, den Stoff und die Fotos thematisch zu gliedern. Diese Gliederung ließ sich nur durch das Studium am Objekt ermöglichen. Jede der Farbabbildungen in diesem Buch stellt deshalb ein Gebiet für sich dar. Vielleicht ist der Sammler für die getroffene Gliederung dankbar und läßt sich zu weiterem Sammeln und zu Ergänzungen anregen.

Die Fotos stellen nicht nur ästhetische Arrangements schöner Dinge dar, sondern illustrieren auch manches interessante Detail der Gegenstände. Hier kann man technische Verfahren, die bei der Herstellung eines Blechgefäßes angewendet wurden, halbverborgen unter der Glasur entdecken, dort die Farben und das Dekor bewundern. Die Fotos können vor allem auch den Sammlern eine Hilfe sein, die sich nur schwer entschließen können, aus der Fülle des Gebotenen eine Auswahl zu treffen und ihr Sammelgebiet zu begrenzen. Vielleicht sind sie aber auch eine Hilfe für diejenigen, die ins andere Extrem verfallen sind und neben ihrem Spezialgebiet nichts anderes mehr zu sehen vermögen. Es gibt ja so viele Möglichkeiten, gerade im Bereich der Haushalts-Antiquitäten sich ein Spezialthema zu wählen.

Noch eine Warnung an die Nichtsammler, die sich nur an dem Dargebotenen erfreuen und an frühere Zeiten erinnert werden wollen. Bei passender Gelegenheit haben sie vielleicht einmal ein schönes Stück erworben, finden aber eines Tages ein weiteres, das zu dem erstgenannten vorzüglich paßt, und unter Umständen noch eines. Aber an diesem Punkte muß ich dann doch zu äußerster Wachsamkeit raten, denn mit sechs Stücken beginnt bereits eine Sammlung und das könnte den Anfang einer Leidenschaft bedeuten...

Darf ich dieser Warnung noch eine weitere hinzufügen? Gerade ein Sammler, der sich mit frohem Mut ans Werk macht, ahnt in der Regel noch nicht, wie schwer es ist, bei der Fülle des seinerzeit produzierten Emailgeschirrs auch nur auf einem Teilgebiet eine annähernde Vollständigkeit zu erreichen. Die Massenfertigung von Haushaltsgegenständen um die Jahrhundertwende zeitigte damals einen nie gekannten Formenreichtum. Die einzelnen Fabrikanten der Emailbranche erfanden für dieselben Gefäße Jahr für Jahr immer neue Abwandlungen. Für jede Speise, jede Zutat gab es ein Gefäß, für jede Küchenarbeit ein Gerät, so daß selbst in diesem Buch nur ein Bruchteil des einstigen Reichtums gezeigt werden kann. Bei diesem für den Sammler recht entmutigenden Befund mag es ihm ein Trost sein, daß von all diesen Gegenständen schon so vieles auf dem Schrotthaufen oder den Müllhalden in Bach- und Flußbetten gelandet ist, daß nicht nur er selbst, sondern auch seine Sammlerkollegen gut daran tun, auf eine Vollständigkeit zu verzichten, die nicht mehr zu erreichen ist. Im einzelnen aber existieren doch noch so viele – oder so wenige – Stücke, daß dem

Doppelseite aus einer Werbebroschüre der holländischen Post. Diese Broschüre (vergriffen) behandelt speziell das Sammeln von Email. Wie groß so eine Sammlung werden kann, zeigt das Foto! Ziel dieser Sammlerin ist es, alles Email mit Strohblumen-Motiv zu sammeln – das Herkunftsland spielt keine Rolle!

Sammler dieser Materie trotzdem immer wieder ein Entdeckungs-Erlebnis zuteil werden kann.

Wenn ich ein Wort aus eigener Erfahrung hinzufügen darf, so sind es eben diese Entdeckerfreuden, die mir und, wie ich hoffe, auch meinen Lesern immer wieder Mut zu weiteren Suchaktionen machen. Einige aus eigener Erfahrung gewonnene Tips können sicher auch für andere Emailgeschirrsammler von Nutzen sein.

Schon bei der Wahl seines Spezial-Sammelgebietes sollte man an die eigenen Raumverhältnisse denken. Ich kannte eine Dame, die komplette Küchenausrüstungen in jeder vorkommenden Farbe zusammengetragen hatte und die den Sohn aus Platzmangel in ein Internat schickte.

Ein schlechtes Gewissen dem Kind gegenüber war die Folge. Der einzige Ausweg, nach einer größeren Wohnung zu suchen, erwies sich bei der Wohnmarktlage in Holland leider als unmöglich. So blieb nur eine schmerzliche Lösung übrig: Die Sammlung zu veräußern. Und jeder Sammler wird verstehen, daß dieser traurige Verzicht mit erheblichen psychischen Konflikten belastet war.

Zuckerdose aus dem 19. Jahrhundert, weiß, mit hellblauem Banddekor und schwarzen Streifen. Es sind Stilelemente der Biedermeierzeit zu erkennen. Fuß und Schale sind gezogen und aneinandergenietet. Der Deckelknopf besteht aus Gußeisen. Abbildung in natürlicher Größe! Goltziusmuseum, Venlo, Holland.

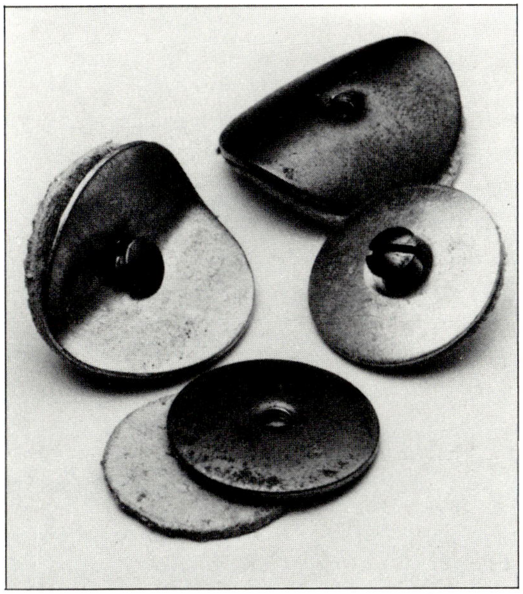

Unterschiedlich geformte Metallplättchen zum Flicken von durchgerosteten Metallgefäßen mit Löchern in Winkeln, Krümmungen oder glatten Flächen. Zwischen zwei Metallscheiben liegt eine gleichgroße Scheibe Asbest. In der Mitte befindet sich eine Schraube. Diese Reparaturplättchen gab es noch bis nach dem zweiten Weltkrieg.

Linke Kanne: Das Muster ist mit Hilfe einer Schablone in den Farben gelb, grün und rot aufgespritzt. Rechte Kanne: Auf rosa Untergrund wurde von Hand in dicken Emailfarben das Rosendekor aufgemalt. Die rechte Kanne ist deshalb wesentlich wertvoller als die linke (H 36 cm).

Sollte man sich entschließen, die eigene Küche als Schaukasten für die Sammlung zu benützen, so wäre es am sinnvollsten, nur die Stücke aus einer damaligen Küchenaussteuer zu erstehen, die man noch selbst bei der Küchenarbeit gebrauchen kann, so daß man das Nützliche mit der täglichen Freude an den schönen Dingen verbindet. Denn vieles hat sich ja seit damals bewährt und gewisse Handgeräte sind nicht aus der Küche wegzudenken. Mit deren Pflege muß man halt ein bißchen vorsichtiger sein, obwohl das Emailgeschirr ruhig in der Geschirrspülmaschine gereinigt werden kann, wenn es nicht bemalt oder verziert ist. Man kann sich auch für ein bestimmtes Muster entscheiden, wobei man dann auf Gegenstände aus verschiedenen Fabriken und Gegenden angewiesen ist, weil die Schutzmarke sehr häufig fehlt.
Man kann sich auch für eine bestimmte Dekorationstechnik entschließen, wie z. B. Handmalerei, Schablonentechnik oder Abziehbilder. Es gibt auch Gegenstände, die nur mit schmalen und breiten Farbbändern versehen sind. Vor allem aber sollte man das Gebiet genauestens kennen, um seiner Sache sicher zu sein. Oftmals ist Druck nur sehr schwer von Handmalerei zu unterscheiden.
Man kann sich entscheiden, nur emailliertes Puppengeschirr zu sammeln oder nur solches, das durch eine bereits vorhandene Vorrichtung an die Wand gehängt werden kann. Ein Beispiel dafür ist auf der Rückseite des Buchumschlags zu sehen.
Wenn man sich einmal eingehend mit der Materie beschäftigt hat und mit Sicherheit das Alter eines Stückes feststellen kann, wäre eine Sammlung von Geschirr, das ausschließlich aus dem vorigen Jahrhundert stammt, besonders wertvoll. Hinzu kommt, daß man bei einer solchen Sammlung einen strengen Maßstab anlegen und viel Zeit und Spürsinn aufwenden muß. Aber gerade das ist für viele ein Anreiz mehr. Zuletzt sei hier noch das Sammeln von absolut unbeschädigten Stücken angeführt. Das kommt dem Ästheten entgegen und erhöht den Wert der Sammlung.
Ich selbst hatte mich anfangs dem Küchenemail als einem Teilgebiet des gesamten Küchengeschehens zugewandt, beschränkte mich dann aber im Laufe der Zeit auf zwei Themen: Emailgeschirr in Himmelblau und Kaffeekannen. In beiden Fällen hängt mein Herz ganz besonders an den Stücken, die mit Handmalerei verziert sind. Sie finden ihren Platz überall dort, wo ich sie täglich vor Augen habe, also vor allem in meiner Küche. Auf einem besonderen Regal stehen meine schönen handbemalten Kaffeekannen in Reih und Glied.
Wer sich in ähnlicher Weise dazu entschließt, nur Gegenstände zu sammeln, die dem gleichen Zwecke dienen, beispielsweise handbemalte Kannen wie in meinem Falle, wird bald überrascht feststellen, daß es fast unmöglich ist, zwei wirklich gleiche Stücke zu finden. Der erste

Links: Kaffeemaschine, dunkelgrün, mit goldenen Streifen, mit zweiteiligem Filteraufsatz, bestehend aus einem Filterteil und einem durchlöcherten Einsatz, den man mittels eines Knopfes herausheben kann. Griff aus zwei Hälften zusammengeschweißt, Tülle aufgeschweißt. Im Katalog von B.K. aufgrund des Henkels als »Holländische Kanne« bezeichnet (H 22 cm). Um 1900.

Rechts: Karten aus einem Quartett, das der Verein für niederländische Produkte – V.N.F. – in den 30er Jahren zur Unterstützung des damals herrschenden Protektionismus herausgab. Die damals bevorzugten Farben: tannengrün, grauweiß gewolkt, rot und stahlblau.

Eindruck täuscht fast immer. Keine zwei Kannen haben die gleiche Malerei oder den gleichen Henkel. Ich kann nur raten, zum Besuch eines Geschäfts oder Flohmarktes Fotos der bereits erworbenen Stücke mitzunehmen, um das Gedächtnis zu unterstützen.
Mit jedem Neuerwerb wächst die Befriedigung: Wie dekorativ steht die neue Kanne neben den anderen, die bauchige, die gerade, die mit der geriffelten Tülle neben der mit dem angenieteten Schnabel! Hier ist der Henkel nur ein angenietetes Band aus Eisenblech, dort besteht er aus einer rundgezogenen Hohlröhre...

B K
GIFTVRIJ
IS
GED. FABRIEKSMERK
B.K.EMAILLE
STAALBLAUW
MET GOUDBAND
alleen echt met keteletiket.
Vraag
Grijs gewolkt
WAT HET
EIGEN LAND

Viele liebenswerte Menschen aber, die durch Kindheitserinnerungen oder anderweitig zum Sammeln angeregt wurden, haben für den Nichteingeweihten kein System. Diesen Menschen lächeln die Dinge auf dem Flohmarkt entgegen. Es ist dann Liebe auf den ersten Blick. Sie sind auch bereit, mehr Geld für ein Stück auszugeben, als gerechtfertigt scheint. Aber in Holland sagt man in solchen Fällen, frei übersetzt »Ein Ding ist soviel wert, wie ein Verrückter dafür bezahlt.«
Bei diesen Sammlern gibt es keinen Drang zur Perfektion; die Freude an den Dingen ist wichtiger. Diese Sammler benötigen von mir keine Anregung. Sie besitzen die echten Sammlungen, die eher Stoff für Geschichten liefern als musealen Wert haben.
Viele meiner Sammelfreunde kauften anfangs einfach drauflos und entschlossen sich erst viel später zur Themenwahl und Systematik. Um das eigene Gebiet zu erweitern, tauschten sie und stießen das Überflüssige ab. Gleichzeitig entwickelte sich bei ihnen ein Mitteilungsdrang, einmal, um sich wegen der gesuchten Dinge verständlich zu machen, dann aber auch, um mehr über den Gegenstand der Sammlung in Erfahrung zu bringen. Man meldet sich zu einer Führung durch eine Fabrik, sucht Literatur und besucht Museen. Das Angebot ist spärlich und so glaubt man, Entdecker eines neuen Sammelgebiets geworden zu sein, in dem man ungestört stöbern kann. Und plötzlich ist alles vorbei. Man entdeckt Gleichgesinnte und Versteigerungshäuser, die eine rege Tätigkeit auf dem Gebiet der älteren Gebrauchtwaren, umgeben vom rosigen Licht der Nostalgie, entwickeln. »Küchengeräte aus Omas Zeit« heißt es nun, auch wenn Oma längst hundert Jahre alt sein müßte. Dieses Sinnbild alles Altmodischen, von dem wir uns längst abgewendet hatten, hin zur jungen Dynamik, ist ein ertragserhöhender Faktor geworden. Und man entdeckt, daß viele Menschen nicht bereit sind, sich von einem gestern noch unbeachteten Stück zu trennen. Besuche in Freiluftmuseen im eigenen Land und im Ausland nehmen durch den erhöhten Tourismus zu. Ein breites Publikum bestaunt dort Bauernküchen aus jüngerer Vergangenheit und die im Eintrittsgeld inbegriffenen Broschüren zeigen Abbildungen, die dokumentieren, daß ein bis dahin wertloses Objekt eine Sehenswürdigkeit geworden ist. Fernsehserien über das Leben früherer Zeiten sind mit authentischen Requisiten ausgestattet, wobei weder Zeit noch Mühe gescheut wurden, um sie herbeizuschaffen. Sie sorgen dafür, daß diese Dinge von einem sehr großen Publikum gesehen werden. Auch fotografierte Stilleben, Illustrationen zu »Omas« Rezepten in den Zeitschriften für Frau und Familie, auf denen jeder standesbewußte Redakteur schöne alte Gebrauchsgegenstände mitfotografieren ließ, sorgen für ein immer breiteres Interesse für Dinge, die man ohnehin gern und leicht wiederentdecken möchte. So wird der Entdecker und Pionier ein Spe-

Drei Teile dieses hellblau emaillierten Petroleumofens sind aus Gußeisen, der Ofenmantel und der Petroleumtank hingegen sind aus emailliertem Eisenblech gefertigt. Merkwürdigerweise sind das kleine Türchen mit dem Mikafenster und der Dochtmechanismus nicht emailliert. Die Gesamthöhe des Öfchens beträgt 22 cm.

Seife
Soda

An dieser Gruppe von verschiedenen Emailgegenständen erkennt man deutlich, daß sich die Hersteller den verschiedenen Modetrends anzupassen wußten. Die mit Schablonen aufgetragenen Karos und Schachbrettmuster wirken auch heute wieder modern. Dabei liegt die Herstellungszeit zwischen 1910 und 1920. Herkunft: wahrscheinlich Deutschland und Frankreich.
Die Keramikteigrolle im Vordergrund mag das gleichzeitige Auftauchen neuer modischer Muster in verschiedenen Herstellungsbranchen deutlich machen. Hinten eine blau-weiße Milchkanne ohne Deckel, davor eine Sand-Seife-Soda-Etagère (B 38,5 cm, H 12 cm), darauf eine dreiteilige Kaffeemaschine, davor ein rot-weißer Milcheimer (H 17,5 cm) und eine blau-weiße Vorratsdose. An den Maßen der Teigrolle (L 20 cm, ⌀ 9 cm) kann man die übrigen Maße ablesen.

SCHUTZ MARKE

Extraschwere Geschirre.

(Werden wie abgebildet **nur** innen wolkiggrau, außen braun emailliert geliefert.)

Nr. 01

Nr. 03

Hoher Kochtopf

Weite	12	14	16	18	20	22 cm
Höhe	11¼	12	13½	15½	17	18½ cm
Liter	1⅛	1¾	2½	3½	5	6¾
	210	260	320	400	480	560 Pfg.

Weite	24	26	28	30	32 cm
Höhe	20½	22½	23½	25	26½ cm
Liter	9	11½	14	17	21
	660	800	990	1150	1320 Pfg.

Weite	34	38	42	46	50 cm
Höhe	28½	30	32	34	42 cm
Liter	25	32	44	52	82
	1560	2000	2600	3300	4300 Pfg.

Nr. 07

Topf
mit Hohlstiel

Weite	12	14	16	18	20	22	24	26 cm
Höhe	12	14	16	18	20	22	24	26 cm
Liter	1¼	1¾	2¾	4	6	7¾	10½	13
	310	380	470	590	710	830	980	1170 Pfg.

Deckel sind eigens zu bestellen.

BAUMANN
Prima Qualität
BAUMANN
Prima Qualität

< *Technik zur Anbringung der Schutzmarke: Durch die (ältere) Kupferschablone wurde die Farbe mit einem harten Pinsel hindurchtamponiert - ähnlich wie bei Stickvorlagen. Heute benutzt man Gummistempel wie den abgebildeten. Er wird in die gewünschte Emailfarbe eingetaucht (L 5 cm, B 3,5 cm).*

Schutzmarke der ersten Budweiser Emailgeschirrfabrik, Budweis, Tschechoslowakei: stehender Löwe mit den Buchstaben B und E.

zialist, der sehr gut Bescheid wissen muß, auch darüber, wie hoch die Preise liegen.

Zum Übermitteln von Erfahrungen gehört natürlich auch die Angabe der Fundstellen. Wie ich von Kollegen, die regelmäßig nach Frankreich fahren, weiß, ist dort die Ausbeute karg und teuer. Hat man doch endlich einen Gegenstand gefunden, so weist er häufig Beschädigungen auf.

Andererseits haben gerade diese mehr oder weniger ramponierten Stücke aus dem französischen Raum oft die schönsten, ausgefallensten und fantasiereichsten Formen und Dekors.

Wir Holländer besuchen besonders oft und gern die nahegelegenen belgischen Floh- und Trödelmärkte. Häufig entdeckt man dort noch altes Emailgeschirr mit dem sogenannten Petersilienmuster, das sich, ähnlich wie das Zwiebelmuster, auf dem Lande großer Beliebtheit erfreute. In Holland wird es i. Ü. als »sächsisches« oder Strohblumenmuster bezeichnet. Wie das Zwiebelmuster konnte man es früher auf allen Küchenutensilien antreffen, vom Porzellanservice bis zum Küchenleinen. Ursprünglich kam das Muster aus China. Es wird, wie das Zwiebelmuster von Meißen, von vielen Porzellanmanufakturen heute noch herausgebracht. Nachweislich haben folgende Fabriken das Muster benutzt: Eine nicht mehr existierende belgische Fabrik mit der Schutzmarke G.B.L. GARANTI. Buchstaben und Wort sind untereinander gedruckt und mit einer dünnen Linie quadratisch umrahmt. Auch in einem Katalog der Firma Baumann in Amberg, die schon im Jahre 1880 produzierte, erscheint dieses Motiv. Auf einem Neudruck einer alten Katalogseite von 1907 sieht man eine Kanne mit demselben Dekor. Auch die Firma B.K. in Kampen/Holland hat bewiesenermaßen Gefäße mit dem Muster dekoriert, desgleichen die Firma Stephan Nahrath in Ahlen/Westf.

Da es um die Jahrhundertwende so viele Emailfabriken gab und, wie gesagt, viele Geschirrstücke unsigniert blieben, ist nicht mehr festzustellen, wer alles dies Dekor verwendete. Sicherlich waren es weit mehr, als hier angegeben werden kann. Heute ist es, wie so viele andere schöne alte Dinge, wiederentdeckt und erfreut sich erneuter Popularität. Man sieht es auf Porzellanservicen und auf Emailtöpfen, die aus Bulgarien importiert werden, aber in letzter Zeit auch auf deutschen Töpfen.

Die Reise, die meine Sammlerschätze unternommen haben, führten sie zu ihrem vorläufig endgültigen Platz in meinem Haus in Amsterdam. Meine alte und neue Heimat ist der Grund dafür, daß in der Küche meiner Schwester in München neben dem grau gewölkten Topf aus Holland ein ähnlich geädertes Sieb und eine grau gefleckte Kaffeekanne von einem österreichischen Fetzenmarkt steht. Und daß neben der hellblauen Guglhupfform aus München eine französische himmel-

blaue mit Blumendekor verzierte Teekanne vom belgischen Flohmarkt steht. Der rege Handel vor und nach dem ersten Weltkrieg, der viel Emailgeschirr von Deutschland nach Holland brachte, und die unermüdliche Tätigkeit der Händler heute, macht uns solche, in vielen Fällen nicht mehr nachprüfbaren Ortsveränderungen verständlich.
Zufällig aber reiste ich auf einer altbewährten Handelsroute, die sich vielleicht darum als so ergiebig erwies. Ein kleiner Abschnitt, den ich in einem Ferienprospekt von Amberg und dem Vilstal las, verdeutlichte mir das. Er lautet: »Wo Amberg genau liegt? Am Endpunkt Holland - Rheinland - Frankfurt - Nürnberg - Amberg«. Führe man auf dieser Route weiter, käme man nach Prag. Da es im alten Österreich viele Emailfabriken gab, wie ich nach Rückfrage vom »Narodni Museum« in Prag erfuhr, könnte man dort sicher noch einiges finden, vorausgesetzt, daß man es über die Grenze mitnehmen darf. Man kann diese Route zu einer Fahrt für den interessierten Sammler machen. Sie würde wie folgt aussehen. Holland: Ein Besuch der B.K. Fabriken in Kampen, wo man das alte Wolkenemail wieder zum Leben erweckt. Venlo: Goltziusmuseum, wo eine beachtliche Sammlung von Küchengeräten und Emailgeschirr in einer Sonderausstellung zu besichtigen ist. Köln: wo 1981 erstmals eine Ausstellung von Email bis zum Gebrauchsemail zu besichtigen war und wo noch der begleitende Katalog in Buchform erhältlich ist. Frankfurt: wo ich immer wieder am Schaumainkanal-Flohmarkt viele schöne Stücke, wenn auch teuer, finden konnte. Nürnberg: wo im Spielzeugmuseum emailliertes Puppengeschirr zu sehen ist und wo man mich auf das Buch »die anderen Nürnberger« hinwies. Dort wurde mir von der Direktion mit Fotokopien bestätigt, daß jedenfalls die Firmen Bing und Baumann emailliertes himmelblaues Puppengeschirr anfertigten. Auch steht man in Nürnberg am Anfang eines großen bleibenden Museumsprojekts mit dem Titel: »Industrielle Massenkultur«. Nicht weit von Nürnberg, in Bayreuth, gibt es ein Versteigerungshaus, das sich als einziges unter anderem auf Küchengeräte-Auktionen spezialisiert. Und als Endziel in der Nähe von Amberg: Das Bergbau- und Industriemuseum in Theuern. Ziel dieses Museums ist es, Bergbau und Industrie aus Ostbayern darzustellen. Neben den bedeutenden Industrieerzeugnissen Glas und Keramik besitzt das Museum eine interessante Sammlung von emailliertem Gebrauchsgeschirr. Viele Stücke kommen laufend dazu, aufgestöbert und angeboten nicht zuletzt auch von interessierten Laien.
Gerade bei Dingen, die noch so lebhaft an unsere persönliche Umwelt in jüngster Vergangenheit erinnern, sind auch die großen Museen auf den Amateursammler angewiesen, der mit Leidenschaft, unter Opfern und Mühen eine solche Sammlung zustandebrachte. Und es ist oft nur Geldmangel, wenn es nicht zu einem Ankauf durch das Museum

Schutzmarke der Vereinigten Eschebach'schen Werke, Dresden.

Schutzmarke der Firma Bellino & Cie., Göppingen: stehender Bär mit einem Schutzschild, worauf in einem Oval der Buchstabe B steht.

Schutzmarke der Firma Rollmann & Tovar, Ahlen: Eine Katze im Teller mit den Buchstaben T und R auf dem Bauch.

Schutzmarke der Firma Ullmann & Sohn, Blechemailgeschirr- und Metallwarenfabrik, Budweis/Tsch.: drei kreisförmig angeordnete Kronen, in deren Mitte ein B steht.

Vermutlich die Schutzmarke der Firma Schulze aus Berlin: in einem Kreis aus vereinfacht dargestellten Kronen steht ein S. Das Adressbuch der Europäischen Emailindustrie datiert vor Hitler's Machtergreifung und zeigt ein S in einem Davidstern. Möglicherweise wurde das Zeichen später verändert.

kommt. Jeder Museumsdirektor weiß nur zu gut, daß er weder die Zeit, noch die finanziellen Mittel bewilligt bekäme, lange Reisen zum Erwerb alltäglicher Gegenstände zu unternehmen.

Der Sammler aber kann als Ferientourist jede Art von Reisen unternehmen. Er sieht dann das gewisse Eine da, wo ein Uneingeweihter nichts wahrnehmen würde. Alle Kolonialländer exportierten ihre Waren, unter anderem auch Gebrauchsartikel, in die Überseegebiete. So findet ein holländischer Tourist ausgerechnet in Indonesien eine grau gewölkte Spezialpfanne, die von B.K. gefertigt wurde. Sie heißt Wajang/Wok, hat einen gerundeten Boden, der auf einem extra dafür angefertigten eisernen Ring über der Flamme steht und wird für Reisgerichte benutzt. Er kann sie seiner Sammlung von Wolkenemail einverleiben und eine interessante Geschichte über den Fundort in sein Sammeljournal eintragen. Während einer Sonder-Ausstellung im Jahr 1982 im Bergbau- und Industriemuseum war unter anderem ein kleines Öfchen ausgestellt. Es war kobaltblau emailliert, hatte einen Schornstein wie eine Guglhupfform, zwei eiserne Henkel und wurde mit Holzkohle geheizt. Es stammt aus dem ersten Viertel des 20. Jahrhunderts und wurde offensichtlich für den Export nach China angefertigt. Es handelte sich um einen chinesischen Feuertopf, in dem während der Mahlzeit, in der kochenden Brühe, kleine rohe Fleischstücke gegart wurden. Zu unserer neuerworbenen Bekanntschaft mit fernöstlichen Eßgewohnheiten kamen auch die exotischen Küchengeräte. Dieselben Öfchen werden heute zu uns exportiert und zum Kauf in Geschäften für asiatische Lebensmittel angeboten. Leider sind sie nicht emailliert.

Beim Anlegen eines Sammeljournals sollte man alles eintragen, was nur irgendwie von Wichtigkeit ist. Daten, Fundorte, diesbetreffende Anekdoten. Hinzufügen sollte man alles, was man an Prospekten und Unterlagen in Bezug auf alte Emailgegenstände finden kann. (Am Ende dieses Kapitels folgt eine Liste jener Fabriken, die mir auf diesbezüglichen Messen und auf Anfragen prompt Auskunft erteilten und die mir das ihnen verfügbare Material zusandten.) Vielleicht ist es möglich, neben dem Sammeljournal eine kleine Bibliothek aufzubauen. Viel Literatur gibt es ohnehin nicht. In Antiquariaten sollte man nach Festschriften der Hersteller Ausschau halten. Früher, ähnlich wie heute, wurden anläßlich eines Jubiläums die wichtigsten Stationen in der Vergangenheit der Firma aufgezählt. Man stattete sie mit Fotos und Reproduktionen aus und sie wurden meistens so prächtig und solide gebunden, daß sie manche Fabrik um viele Jahre überdauerten. Weil sie mit nach Hause genommen wurden, gingen sie nicht mit der Fabrik im Krieg verloren. Durch sie erfährt der Sammler, wer die Fabrik geleitet hat, was der Umsatz in welchem Jahr war und wieviel Angestellte es gab. Da diese

Fabriken sehr oft als Hersteller von verzinnten Blechwaren angefangen hatten, ist es wichtig zu erfahren, wann sie zur Fabrikation von Emailgeschirr übergingen. Ansonsten kann man die kleine Bibliothek mit Katalogen – die teuer und rar sind –, Faksimiles derselben, alten Lehrbüchern technischer Schulen und Adressbüchern der Emailindustrie erweitern.

Neben all diesen genannten Dokumenten sollte unser Journal aber auch alle persönlichen Begegnungen festhalten, wenn sie irgendetwas mit unserem Sammelobjekt zu tun haben. Augenzeugenberichte aus der Zeit, als noch ein großer Teil der Arbeiten in einem Emailwerk von Hand ausgeführt wurden, werden naturgemäß von Jahr zu Jahr seltener und verdienen selbst da festgehalten zu werden, wo es sich um scheinbare Nebensächlichkeiten handelt. Ich lernte einen alten Herrn kennen, der schon mit 14 Jahren bei Baumann beschäftigt war. Seine erste Arbeit bestand darin, zusammen mit den Frauen die in Email getauchten Gefäße in die Trockenkammer zu schaffen. Dort wurde aber nicht nur die Fabrikware getrocknet, sondern auch das geerntete Obst aus den Gärten der Arbeiter. Offenbar war das eine eingebürgerte Gewohnheit, die nicht weiter beanstandet wurde. Was er erzählte, rückte den ganzen Fabrikationsprozeß von damals in ein anderes Licht, man ahnt den Verlust an Menschlichkeit, der unsere heutigen Produktionsstätten von den damaligen Fabriken so gründlich unterscheidet. Es sind gerade diese Geschichten, die dem damaligen Massenprodukt seine Anonymität nehmen, die letzten Geschichten solcher Art, bevor die Maschine alle Arbeitsvorgänge übernahm. Für derartige Berichte ist ein Kassettenrecorder natürlich ideal, eine Aufzeichnung aus dem Gedächtnis gibt meistens die Situation nur unvollkommen wieder.

Für den Fabrikanten ist der Absatz verständlicherweise am wichtigsten gewesen. Alte Annoncen und Werbetexte in der »Gartenlaube« und anderen Familienzeitschriften der damaligen Zeit sprechen über Qualität, Zahl der Arbeitnehmer und die verliehenen Medaillen. Stolz wird von sozialen Errungenschaften und Arbeitsbedingungen im Werbetext gesprochen. Wegen unlauterer Reklame der Konkurrenz werden Laboratorien zitiert, die für Verwendung garantiert unschädlicher Stoffe einstehen. Beim Kampf mit der mörderischen Konkurrenz ging es sicher nicht immer sehr moralisch zu. Der eine machte bessere, der andere schlechtere Ware. Am wichtigsten war der Marktanteil, den man hatte, wie man Krisen und Kriege überdauerte und die Wendigkeit, mit der man zu neuem Material überwechselte. Wer über die Runden kam und nach dem zweiten Weltkrieg aus Stahlhelmen und Panzerfäusten Siebe und Trichter fabrizierte, wurde mit ganz neuen Problemen konfrontiert, die für uns hier nicht wichtig sind. Für uns Sammler ist nur wichtig, was erhalten geblieben ist. Merkwürdigerweise ist das nicht im-

Schutzmarke der Annweiler Email- und Metallwerke: zwei Löwen und ein Henkeltopf mit den Buchstaben A und W.

Schutzmarke der Sächsischen Emaillier- und Stanzwerke, Lauer im Erzgebirge, heute VEB in der DDR: gekreuzte Krummsäbel mit den Buchstaben E S StL.

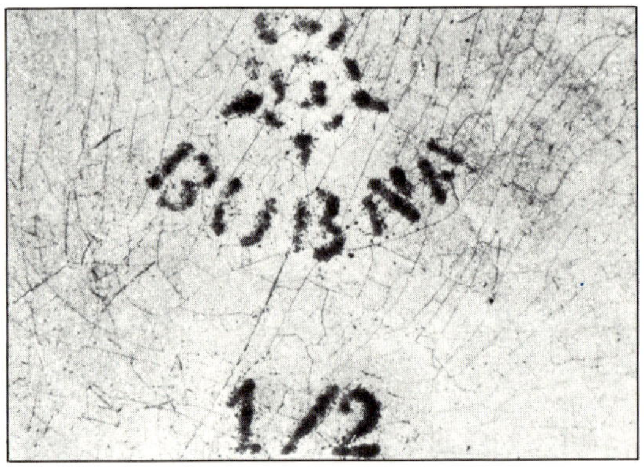

Unbekannte Schutzmarke.

Unbekannte Schutzmarke.

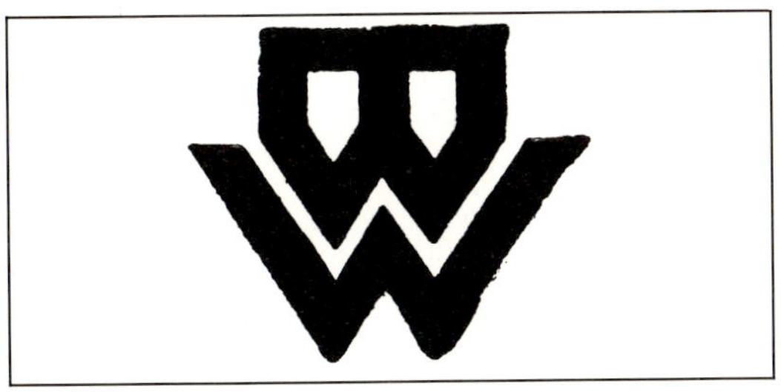

Drei verschiedene Schutzmarken der Gebrüder Bing AG, Nürnberg: die letzte Schutzmarke bezeichnet den Übergang in die »Bing-Werke«. Diese Werke haben auch im ehemaligen Freistaat Sachsen produziert.

mer der guten Qualität zu verdanken. Angeknackst und abgesplittert, sind diese Dinge Zeugen einer Zeit, die nie mehr wiederkommt. Als solche aber sollen sie erhalten bleiben.

Somit wären wir beim Reparieren und Restaurieren angelangt. Sicherlich befinden sich manche Sammler beim Ankauf eines beschädigten Stückes in einem Dilemma. Einerseits zwingt der Drang zur Perfektion, es zu restaurieren, andererseits soll man ja gerade sehen, daß Zeit und Abnützung ihre Spuren darauf hinterlassen haben. Es gibt Restaurateure, die es verstehen, Löcher mit Epoxy zu dichten und abgeplatztes Email mit Kaltemail aus der Tube beinahe unsichtbar zu ersetzen. Mit Hobbyhochglanzfarben werden Farbe und eventuelle Bemalung wieder hergestellt. In einem Fachbuch für Handwerk und Technik, 1942 herausgegeben von Walther Wallowitz, Oberstudiendirektor der Handwerkschule in Leipzig, habe ich folgenden Tip von Studienrat Curt Hasenohr gelesen: Beim Restaurieren kann man Emailfarben am besten mit Pastellkreide imitieren. Man zerreibt die Kreide zu Puder und vermengt den Puder mit Uhuleim. Mit der so erhaltenen Paste kann die Stelle unsichtbar repariert werden. Es scheint, daß gerade die Leuchtkraft des Emails mit dieser Technik am besten nachgeahmt wird.

Der Grund, warum ich selbst so wenig auf diesem Gebiet experimentiert habe, liegt darin, daß ich die Gegenstände am liebsten so lasse, wie ich sie gefunden habe. Da sie meistens alt sind, hat gerade ihre Beschädigung oft eine Geschichte zu erzählen. Die Schwächen der Konstruktion treten dadurch zu Tage und die nur kurze Lebensdauer wird erklärlich und die damit verbundene Seltenheit. Beschädigungen sagen deutlich etwas aus und nur selten sieht man eine mutwillige Zerstörung. Auch eine etwas eingedellte Form bewahrt ihre Überzeugungskraft und der Rest eines abgeplatzten Blumenstraußes behält seine leuchtenden Farben. Manchmal erstehe ich ein Stück, das bereits restauriert ist. Ist die Restaurierung schlecht ausgeführt, entferne ich die Farbkleckse mit Tinner oder Azeton. Im anderen Falle lasse ich alles so wie es ist. Das Risiko, unerwartete Schäden unter der Restaurierung zu entdekken, während diese doch für eine erhebliche Preiserhöhung sorgte, ist zu groß. Ohne die Bekanntschaft mit einem alten Bastler, der früher eine Metallbearbeitungswerkstatt besaß, hätte ich mein kleines Antiquitätengeschäft schließen müssen. Gefäße mit Löchern mögen die meisten Kunden nicht und gegen fehlende Deckel haben viele Käufer eine unüberwindliche Abneigung. Kesselflicker gibt es ja heute leider nicht mehr, jedenfalls nicht in Holland.

So fanden wir einen Kompromiß in der deutlich sichtbaren Restaurierung. Ein zugelötetes Loch sieht nicht elegant aus. Das Email rund um das Loch muß mühsam abgeklopft werden, um das Stück Blech von innen gut befestigen zu können. Kalt löten will übrigens gelernt sein. Wird es gewünscht, so lassen wir die Stelle löten, schlagen aber immer erst andere Alternativen vor. Wer eine schöne Kaffeekanne mit Loch für Blumensträuße verwenden will, kann auch ein schmales Einmachglas hineinstellen. Formgerechte Deckel machen wir aus Messing mit alten Knöpfen daran, so daß deutlich erkennbar ist, daß sie ursprünglich nicht dazugehörten.

Einerseits begnüge ich mich mit dem unrestaurierten Zustand meiner Sammelstücke, andererseits aber begnüge ich mich nicht mit den gewöhnlichen Reinigungsmethoden. Leider weiß man ja nicht, wofür so ein Gefäß zuletzt gebraucht wurde. Da ich sicherheitshalber davon ausgehe, daß es für primitivste Zwecke benutzt wurde, lege ich es über Nacht in eine starke Sodalösung. Für diesen Zweck steht hinten in meinem Garten eine alte umwachsene Badewanne mit Holzdeckel. Die Lauge darin wird von Zeit zu Zeit erneuert. Da das Email durch diese Lauge nicht beschädigt wird, kann man das Gefäß auch länger darin liegen lassen, wenn jahrzehntelanger, vom Herdfeuer eingebackener Ruß beseitigt werden soll. Oft kommt dann eine unerwartete Schutzmarke zum Vorschein. Leider verschwindet dabei aber auch das Blei einer zugelöteten Stelle.

Nach jahrelangem Gebrauch hat eine alte Kaffeekanne oft eine kohlschwarze Ablagerung in ihrem Innern, die mit dem besten Willen nicht zu beseitigen ist. In solchen Fällen lasse ich die Kanne gefüllt mit einer Lösung Eau de Javel über Nacht stehen. Der Erfolg ist jedesmal wieder verblüffend. Manchmal aber bleibt trotz Lauge an schwer zugänglichen Stellen ein fettiger Schmutz zurück, dann wickele ich ein Stück allerfeinste Stahlwolle um einen dünnen Schraubenzieher (das abgeplattete Stück am Ende verhindert das Abrutschen beim Wickeln) und reibe damit die hartnäckigsten Stellen ab. Eine etwas matt gewordene Oberfläche, die dadurch entsteht, daß der Gegenstand lange Zeit im Freien gelegen hat, kann mit Möbelwachs auf Hochganz poliert werden, ansonsten sind Glasreiniger logischerweise eine gute Schlußbehandlung. Das neue Stück kann seinen Platz in der Sammlung einnehmen.

Wie alle Sammler werde ich nie aufhören, nach den Dingen Ausschau zu halten, die in mein spezielles Sammelgebiet gehören. Aber ich hüte mich, zu einseitig zu werden, um mir nicht all das andere Schöne entgehen zu lassen, für das ich mich begeistern kann.

Leuchtet mir aber eine himmelblaue Kaffeekanne, bemalt mit Blumen, Vögeln und Schmetterlingen entgegen, bekomme ich noch immer Herzklopfen vor Aufregung. Ich ruhe dann nicht, bis sie in meinen Besitz übergegangen ist.

Außergewöhnliche Gegenstände, die – mit Ausnahme der Wandwaschgarnitur und des Waschkrugs – nicht in den regulären Katalogen aufgeführt sind: Eine Kohlenschütte mit dick aufgetragener Blumenmalerei (H 49 cm). Eine aus mehreren Segmenten zusammengeschweißte, ebenfalls mit reliefartiger Malerei versehene Blumensäule (H 100 cm). Auch die zierlichen Blumen auf dem französischen Wandlavoir sind ähnlich ausgeführt. Der Wasserhahn besteht aus Zinn. Gesamthöhe von Becken, Reservoir und Deckel 62 cm. Der blaue Übertopf mit den beiden Henkeln ist in ähnlicher Weise bemalt. Der zu einer Waschgarnitur gehörende Waschkrug erhielt sein Dekor unter Zuhilfenahme mehrerer Schablonen im Spritzverfahren. Konturen und kleine Verzierungen wurden von Hand in Gold angebracht. Der außergewöhnliche Deckel-Einkaufskorb ist wahrscheinlich mit einer Umrißzeichnung bedruckt und danach handkoloriert. Die Ränder von Fuß, Korb und Deckeln sind in regelmäßigen Abständen mit Löchern versehen. An unversehrten Resten läßt sich erkennen, daß sie mit dünnem Peddigrohr umwickelt waren (Gesamthöhe incl. Henkel 36 cm).

Aufschnitt-Schneide-Maschine
„Westfalia"
PATENT.

Eine Wurstschneidemaschine der Alexanderwerke, Westfalen, etwa um 1900. Gestell, Befestigungs-Mechanismus und Schwungrad bestehen aus reich verziertem Gußeisen, das runde Messer aus Stahl. Die Gleitflächen und Schutzbleche sind aus weißem emailliertem Eisenblech gefertigt und mit einem aufgedruckten Blumenmuster verziert. Auch die Beschriftung ist aufgedruckt.

Namensliste von Fabriken, die 50 Jahre und älter sind:
Deutschland:
Asta Ullrich GmbH in Annweiler, gegründet 1890. Gegen Ende des 18. Jahrhunderts sah sich ein P. Ullrich gezwungen, seine landwirtschaftliche Existenz aufzugeben. Weil es eine Weinbaugemeinde war, wurde 1820 eine Kellereibedarfsartikel-Handlung gegründet. 1868 wurde mit der Erzeugung von verzinntem Blechgeschirr begonnen. Später folgte das gebrauchstüchtigere Emailgeschirr. Besonderheit: Russischer Auftrag zur Becherherstellung anläßlich der Krönung Nikolaus II.
Die Firma Baumann/Amberg, seit 1880. Ein Familienbetrieb, der nachweislich seit über 250 Jahren im Metallhandwerk tätig ist. 1864 kommt der Spenglermeister C. Baumann von Wunsiedel nach Amberg. Mit den Brüdern und der Mutter gründeten sie eine Firma, die verzinntes und verzinktes Blechgeschirr herstellte, und gingen 1880 nach mühsam erlangten Grundinformationen zur Emailproduktion über.
BSW Bayrische Stahlgeschirrwerke, früher Fränkische Stanz- und Emaillierwerke Gebr. Hüllmantel. Gegründet wurden die Werke 1910. Sie sind eingetragen als Bavariaemail, Bad Neustadt an der Saale.
Firma Nahrath. Stephan Nahrath, Stanz- und Emaillierwerk, Ahlen in Westfalen, gegründet 1907. Der Gründer S. Nahrath war Goldschmied und Kaufmann. Dank ausgefallener Dekors war die Firma schon vor dem ersten Weltkrieg bekannt.
Österreich: Stanz- und Emaillierwerke Gebrüder Riess, Ybbsitz. Die Familie Riess kam in den Besitz von Hof und Gut an der Tanzstatt mit den Hämmern, im Jahr 1800. Um 1900 kamen in das Hammerwerk Blechbearbeitungsmaschinen. 1922 wurde die Erzeugung von Emailgeschirr aufgenommen.
Holland: B.K. Der Betrieb von H. Berk in Kampen wurde mit Sicherheit im Jahr 1852 gegründet. Er begann wie so viele andere als Blech- und Kupferbearbeitungsbetrieb mit dazugehöriger Verzinnerei. Aus Unterlagen geht hervor, daß ein in dem obengenannten Jahr in Kampen stationiertes Instruktionsbataillon sein Eßgeschirr aus der Werkstatt bezog. Um 1880 verstand man sich auf das Emaillieren und 1866 wurde ein neuer Betrieb zur Produktion von emailliertem Geschirr gegründet. Heute noch ist der Betrieb dort seßhaft, 1965 ging man eine Fusion mit dem Konkurrenten Beccon in Doetinchen ein. In den 70er Jahren wurde auch der letzte Konkurrent EDY einverleibt.
Finnland: Arabia Enamel/Email Järvenpäa Finland. Dies ist der einzige Hersteller von Stahlblechemail in Skandinavien. Die Firma produziert Emailgeschirr seit den zwanziger Jahren.
Frankreich: Leopold & Cie., Pfaffenhofen. Die Gründung der »Emaillerie« erfolgte leider erst 1936.

Schutzmarken aus dem deutschsprachigen Raum:
Beim Erwerb eines Email-Sammelstücks sollte man sich dieselbe Geste angewöhnen, wie sie der Porzellansammler automatisch macht, nämlich, an der Unterseite des Gegenstandes nach einer Schutzmarke zu suchen! Im Text habe ich schon einige Schutzmarken in Verbindung mit Firmen erwähnt, den Baumann-Löwen, den Riess-Stern und den B.K.-Wasserkessel. Außer diesen gab es natürlich noch viele andere, von denen die meisten im »Europäischen-Adressbuch der Email-Industrie von 1929« beschrieben sind. Einige wichtige Schutzzeichen möchte ich anschließend wiedergeben, um das Aufspüren des Herkunftslandes und evtl. auch das Alter des Gegenstandes zu erleichtern! Ich möchte mit Vorkriegs-Deutschland beginnen, wobei gesagt werden muß, daß sich die Herstellung von Emailgeschirr vor dem 2. Weltkrieg vor allem auf Bayern und Sachsen konzentrierte (vgl. auch die Abbildungen ab Seite 177).

Altenloh & Falkenroth GmbH, Hagen/Westfalen: Henkeltopf mit den Initialen A&F/Hi/W inmitten eines runden Siegels und darunter ein dunkler Streifen mit der Aufschrift: Garantie für Haltbarkeit.
Badischer Stanz- und Emaillierwerk AG, Sinsheim bei Heidelberg: Die Gegenstände tragen die Bezeichnung: BADEMAG.
Bausch-Werke, Emaillier- und Stanzwerke, Lauter/Erzgebirge: Ein stehender Tiger mit einem B im Maul stützt sich mit den Vorderpfoten auf einen Kochtopf mit Deckel.
Wilhelm Buller, Duisburg/Rhein: Brauner Bär auf blauem Feld.
Eisenhüttenwerk Thale, A.G. in Thale/Sachsen: Liegender Löwe, links und rechts davon die Buchstaben E.T.
Eisen- und Emaillierwerk AG, Abt. Marienhütte, Kotzenau/Schlesien: In einem runden Siegel befinden sich zwei gekreuzte Hämmer mit einem M in der Mitte.
Eisenwerk L. Meyer jun. & Co. AG, Harzgerode/Harz: In einem achteckigen Stern mit Strahlenkranz steht der Buchstabe M.
Emaillierhütte und Kochgeschirrfabrik Braun & Kress, Freital-Deuben bei Dresden/Sachsen: Auf einer Milchkanne steht der Buchstabe B, darüber schweben drei Sterne.
Emaillierwerk AG, Fulda/Hessen: In einer Raute mit abgerundeten Ecken sind in der Mitte zwei Pyramiden dargestellt, darüber die Buchstaben E A G.
Emaillierwerk Bergedorf von Daniel Schöening, Bergedorf bei Hamburg: Drei nebeneinanderstehende Bäume.
Emaillierwerk Raschau von Hermann Freitag, Raschau/Erzgebirge: In einem halben Oval liegt eine Sphinx, vor ihr eine Kaffeekanne. Im Sokkel der Sphinx stehen die Initialen: E M R A.

Oben: Schutzmarken der Firma Japy Frères & Cie, Frankreich.

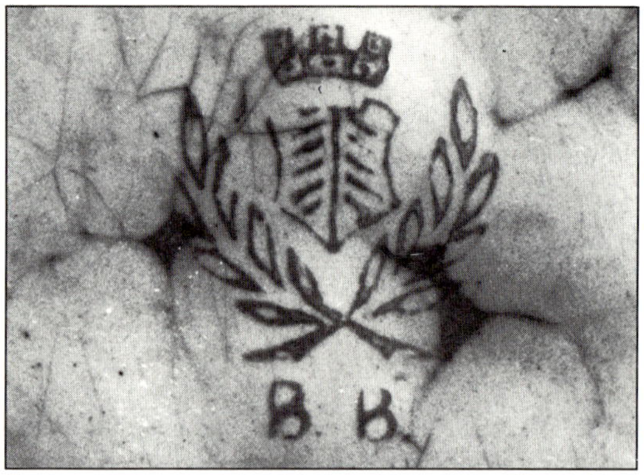

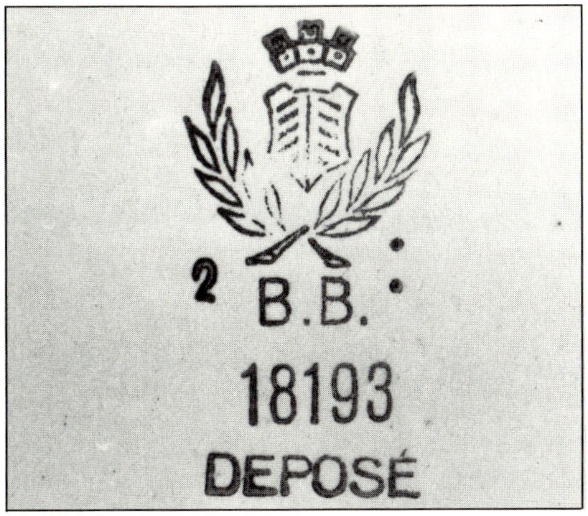

Die Abbildungen links und oben zeigen die Schutzmarken der Firma Actiengesellschaft der Emaillierwerke und Metallwarenfabriken »Austria«, Wien. Vor dem 1. Weltkrieg gehörten zur selben AG noch die Vereinigten Emaillierwerke und Metallwarenfabriken AG, Prag. Diese hatten nach dem 1. Weltkrieg die Schutzmarke einer Sphinx. Im Internationalen Adressbuch der Emailindustrie von 1929 sind beide Firmen aufgeführt, jeweils unter Österreich und Tschechoslowakei. Die Schutzmarken haben folgende Bezeichnungen: B.B., B&W, H&C, Sphinx, Hercules, Biene, Safrol, Goliath u. a.
Unten: unbekannte Schutzmarke.

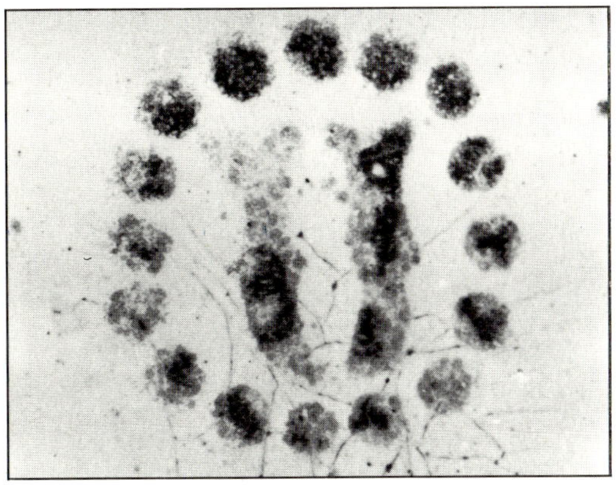

Germania-Werke Fontaine & Comp., Fraulautern a. d. Saar: Eine schreitende Frauenfigur, die in der rechten Hand ein Beil und in der linken Hand ein Schild mit einem Adler trägt.
»Hansa« Beckumer Stanz- und Emaillierwerk GmbH, Beckum/Westfalen: In einer querliegenden Raute befindet sich ein Zirkel in dessen Mitte eine Spinne ihr Netz webt. Darüber steht der Buchstabe H. Links und rechts in den Ecken und unten sind die Buchstaben B S E vermerkt und oben stehen die Worte: Fabrik Zeichen.
Internationale Metallwerke Georg Sindermann, Mallmitz. Auf dem Gegenstand ist das Wort: Silingen vermerkt.
Kramer & Samson, Oelde/Westfalen: Ein rundes Siegel, in dessen Mitte ein aufrecht stehender Schimmel sich auf ein Schild mit den Buchstaben K S stützt. Am Rande des Siegels steht folgender Text: Westfalia-Emaille-Garantiert für Haltbarkeit und Giftfreiheit.
Mitteldeutsche Emaillierwerke A.G., Werk Lauchhammer, Lauchhammer/Sachsen: Ein querliegendes Oval mit den Initialen M E S.
H. Adolf, Metallwarenfabrik und Emaillierwerk GmbH, Neufeldt, Elbing/Ostpreußen: Ein Kegel mit dem Buchstaben N.
Scheithauer-Werke, Stanz- und Emaillierwerk, Aluminiumkochgeschirrfabrik, Geyer/Erzgebirge: Ein Hirsch ziert jeden Gegenstand.
Stanz- und Emaillierwerke vorm. Carl Thiel & Söhne AG, Lübeck: Zwei Ovale: in einem befindet sich ein zweigiebeliges Haus vor einem Strahlenkranz, im anderen die Buchstaben T S.
Weismüller & Co., B.G., GmbH, Düsseldorf: Eine Schüssel mit den Initialen B G W & C und das Wort »Giftfrei«.
Westfälisches Stanz- und Emaillierwerk AG, vorm. J. & H. Kerkmann, Ahlen/Westfalen: Ein Adler mit ausgebreiteten Flügeln, in einer Klaue den Äskulapstab und in der anderen einen Anker haltend, sowie die Buchstaben J. & H. K.
J. G. Wiedemann, Hermanns- und Friedrichshütte AG, Abteilung Friedrichshütte, gegr. 1790, Greulich, Bez. Liegnitz/ehem. Schlesien: Ein vierblättriges Kleeblatt ziert jeden Gegenstand.
Hermann Wuppermann AG, Pinneberg/Schleswig-Holstein: An zwei Seiten eines Ankers ein Quadrat mit den Buchstaben U und E.

Schutzmarke aus Belgien:
Comptoir National des Emailleries Belges, Bruxelles: Auf den Erzeugnissen sind die Buchstaben: C.N.E.B. vermerkt.

Schutzmarke aus Frankreich:
Der Namenszug: Japy Frères & Cie, oder Japy Frères & Cie EXTRA. Die Firma belieferte ganz Frankreich und umfaßte 5 Fabriken: 1 in Paris und 4 im Département Doubs.

Schutzmarken aus Holland:
Naamlooze Vennootschap Emailleerfabriek »de Yssel«, Dieren: Ein Henkeltopf in dem »EDY« steht und die Bezeichnung: Garant Pure, Registered Trademark.
Ijzergieterij & Emailleerfabrieken »Vulcaansoord«, Terborg: Ein Zirkel mit den Buschstaben V. O. und darüber eine Krone.

Schutzmarken aus Österreich:
Josef Hirsch und Söhne, Stanz- und Emaillierwerk, Laa an der Thaya: Auf den Erzeugnissen steht der Firmenname: Hirschwerke.
Stanz- und Emaillierwerke Gebr. Riess, Ybbsitz: Zwei verschiedene Bezeichnungen: Riesswerke oder ein R in einem Stern.

Schutzmarken aus Österreich/Tschechoslowakei:
Actiengesellschaft der Emaillierwerke und Metallwarenfabriken »Austria«, Wien und Vereinigte Emaillierwerke und Metallwarenfabriken AG, Prag, vor dem 1. Weltkrieg eine Firma. Eine der vielen Schutzmarken (siehe Seite 187) ein Adler mit ausgebreiteten Flügeln, der sich über einem flachen Henkeltopf erhebt. Auf der Brust die Buchstaben H & G.

Schutzmarken aus der Tschechoslowakei bzw. Böhmen:
Eisen- und Emaillierwerke Bartelmus AG, Pilsen: Die Erzeugnisse tragen die Bezeichnung: Pilsen 1870.
Eisenwerk Dobris AG, Stara Hut bei Dobrisch: Die Buchstaben D. E. mit einer Krone.
Friedländer Emaillierwerk und Metallwarenfabrik R. Postelberg, Friedland: Zwei Bezeichnungen: »Norma« oder »Eterna«.
Füleker Emailgeschirr-, Metallwarenfabrik und Eisengießerei AG, Filakovo: Die Bezeichnung: »Hahn«.
Firma S. Schulhof, Prag: Ein Lindenblatt oder ein Hahn.

Die skandinavischen Schutzmarken fehlen an dieser Stelle, da wenig altes Email nachweisbar ist.

Eine ähnliche Schutzmarke, wie die auf der Vorderseite gezeigten. Erst bei näherem Hinsehen entdeckt man, daß Krone und Schild voneinander abweichen und die Buchstaben nicht übereinstimmen. Durch das »Austria« über der Krone wird deutlich, daß die erstgenannte Fabrik als Hersteller in Frage kommt.

Sehr alte Salzbüchse, hellblau, mit dick aufgetragener Handmalerei und Holzdeckel. Innen ist die Büchse weiß emailliert. Gesamthöhe 25 cm.

Literatur-Verzeichnis

Kataloge:

Annweiler Email- und Metallwerke, vorm. Franz Ullrich, Söhne, Annweiler/Pfalz. Ausgabe 1909 und 1928, Bezeichnung der Ausgabe »A«.

Amberger Emaillier- und Stanzwerke, Gebrüder Baumann, Firma Joh. Baumann's Wwe. Amberg/Oberfranken. Ausgaben von 1892, 1903 und 1929.

Bellino & Cie. Emaillier- und Stanzwerke, Göppingen/Württemberg, 1909.

Becker & Buchardi, Inhaber J. Becker, Speyer, Ausgabe 1895.

Bind-Werke, vorm. Gebrüder Bing AG, Ausgabe 1930.

B.K. Email, Kamper Emailfabriken, vormals H. Berk & Zoon, Kampen/Holland, Ausgaben von 1919, 1930 und 1939.

BSW, Bayerische Stahlgeschirr-Werke, vormals Fränkische Emaillier- und Stanzwerke Bad Neustadt/Saale, Gebrüder Hüllmantel (1961) von 1910.

V. Emailleerfabriek »De Yssel« Dieren/Holland, Ausgabe von 1929 und für Übersee von 1929 und 1951. Name der Schutzmarke »EDY«.

Kircheis Blechbearbeitungsmaschinen, Erdmann Kircheis, Aue/Erzgebirge, Ausgabe von 1922.

Leopold & Cie. Pfaffenhoffen/Bas-Rhin, Frankreich von 1938.

Sears, Roebuck & Comp., Chicago/U.S.A. von 1902, 1906 und 1908 (Faksimile).

Firma Weber, Robert Weber, Wermelskirchen, Bergische Eisen-Blechwaren-Fabrik, Ausgabe vermutlich Jahrhundertwende.

Emaillierwerk Ch. Schweizer & Söhne, GmbH, Schramberg/Württemberg, Ausgabe 1900.

Kochbücher:

Neues Stuttgarter Kochbuch von Friederike Louise Löffler, Stuttgart 1907.

La bonne cuisine von E. Dumont, Alfred Degorce Editeur, Paris 1889.

Praktisches Kochbuch von Henriette Davidis, neubearbeitet von Rudolf Zech, Ensslin & Laiblin, Verlagsbuchhandlung, Reutlingen 1911.

Kookboek van de Amsterdamsche Huishoudschool von J. Wannée von 1910. Huishoudboek N.C.B. von Chr. Boerenbond 1937.

Lexika:

Kürschners Universal-Konversations-Lexikon, Verlag Hermann Hilger 1911.

Allgemeine deutsche Real-Encyklopädie für gebildete Stände, Verlag F.A. Brockhaus, Leipzig 1822.

Everyman's Library, edited by Ernest Rhys, London. Published by J. M. Dent & Sons Ltd., London, and by E. P. Dutton & Co., New York 1913.

Lexikon der Kunst, Humboldt-Verlag, Frankfurt/M. und Wien 1955.

Jubiläumsausgaben und andere Schriften:

Email (Goldschmiedeemail, kunsthandwerkliches Gebrauchsemail, Maleremail, neue Emailtechniken, Bauemail) VEB Verlag der Kunst, Dresden/DDR, 1955. Im Literaturverzeichnis dieses bewährten Buches stehen folgende Hinweise: Ferdinand Luthmer: Das Email. Handbuch der Schmelzarbeit, erschienen bei E. A. Seemann, Leipzig 1892. Paul Randau: Die Fabrikation des Emails und das Emaillieren, erschienen bei A. Hartleben, Wien 1925.

Instructie-Boekje omtrent de Emailindustrie, erschienen 1939. Ein Buch für Angestellte der Email-Branche, vor allem für Verkäufer.

Max Eschner: Eine kleine Wunderwelt, Natur und Kunst in unserer Wohnung, erschienen 1903.

De Emailindustrie, erschienen 1950 (Schrift für Schulausstellungen).

Email-Verkaufsfibel: Emailgeschirr lohnt Liebe mit Treue! Eine Fibel aus den 50er Jahren dieses Jahrhunderts. Im Anhang ein interessanter Titel: Die Industrie Emaillierter Blechgeschirre von Dr. Herman Wuppermann, Karlsruhe 1907.

Walter Kiaulehn: Die eisernen Engel. Geburt, Geschichte und Macht der Maschinen von der Antike bis zur Goethezeit, Rowohlt Verlag, Reinbek.

Echtes Email, eine Informationsbroschüre des Deutschen Emailzentrums, Zehlendorfer Straße 24, 5800 Hagen.

Festschrift der Firma Ullrich AG, Annweiler 1965, anläßlich des 75jährigen Bestehens.

Carlernst Becker, Dieter Hass, Christian Väterlein: Die anderen Nürnberger, technisches Spielzeug aus der guten alten Zeit. Band 6, Reprint by Hobby Haas, Frankfurt/M., 1981.

Werbeschrift der Firma Riess, Ybbsitz/Österreich.

Katalog des Bergbau- und Industriemuseums zur Sonderausstellung vom 7.5. - 30.11.1982: Email für Haus und Herd am Beispiel der Firma Gebrüder Baumann, Amberg 1880-1980.

Backmodel aus bäuerlichen und bürgerlichen Haushalten, Sonderheft anläßlich einer Ausstellung im Jahre 1981. Der Storchenturm, Geschichtsblätter.

Broschüre anläßlich des 75. Jubiläums der Firma Stephan Nahrat in Ahlen/Westfalen.

Jubiläumsschrift anläßlich des 200. Gründungstages der Firma N.V. Diepenbrock & Reigers in Ulft/Holland 1754-1954.

Adressbuch der europäischen Emailindustrie, Ausgaben von 1923, 1929 und 1943.

Praktische Handleiding voor het Schilderen op Porselein, Faience en Aardewerk, Anna de Wit 1910.

Email. Kunst, Handwerk, Industrie. Kölner Stadtmuseum, Herausgegeben anläßlich der Ausstellung vom 2.6. - 23.8.1981.

Enamel Painting Techniques, by Edward Winter F.R.S.A., Elsevier Publishing Company Ltd., Amsterdam/London/New York 1970.

Emaillieren, ein schönes Hobby, von Katharina Zechlin, Verlag Frech, Stuttgart, 1965.

Emaillieren, een Handleiding voor Amateurs von Jos H. Eppens van Veen, Uitgeversmaatschapij C.A.J. van Dishoek, Bussum/Holland 1965.

Europäisches Email von Isa Belli Barsaldi.

English Enamel Boxes, from the 18th to the 20th Centuries, von Susan Benjamin, erschienen bei Orbis Publishing, London 1978. Dieses Buch enthält sehr viele weitere Literaturhinweise!

Stichwort- und Sachregister

BRIGITTE TEN KATE-VON EICKEN
2 Liter
KÜCHENGERÄTE UM 1900

SAND.